Questo libro è un'opera di fantasia. Personaggi, nomi di persone, nomi di società, luoghi, sono frutto della fantasia dell'autore e hanno lo scopo di conferire veridicità alla narrazione. Qualsiasi analogia con nomi, intestazioni, luoghi, fatti e persone, vive o scomparse, è assolutamente casuale.

LA RELAZIONE

LUCIO MENCATELLI

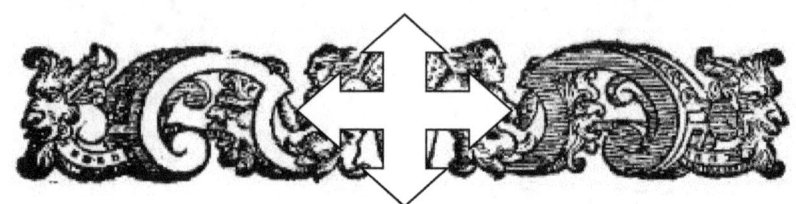

Mi chiamo Paul Smith.

Questo è ciò che credono gli altri.
Potrei benissimo essere Mario Rossi, o Louis Dupont, oppure Julio Gomez.
O avere una qualunque altra identità.
Il mio vero nome non ha alcuna importanza.
Perché sono uno che risolve problemi.
Problemi che altri non vogliono affrontare, sperando così di salvare

la loro sporca coscienza, oppure per evitare fastidiose indagini.
Possiedo una piccola azienda, la "Premiata Ditta di Pulizie Paul Smith", regolarmente iscritta al registro delle Attività commerciali. La sede è in un minuscolo edificio di una anonima strada, in una molto anonima città.
Mi occupo di pulizie particolari : elimino tracce, documenti, oggetti, prove ,indizi. E, soprattutto, persone.
La mia opera è sempre molto accurata, tanto che mi potrei definire un esperto del settore.
Onde evitare sospetti , dubbi e interrogativi, ho un ignaro , onesto dipendente, che si occupa di quelle pulizie consentite dalle vigenti leggi.
Produco una dichiarazione fiscale, e un bilancio compatibili con quelle attività, con costi e ricavi supportati da fatture e ricevute.
Poi c'è l'attività di cui mi occupo in prima persona, quella moralmente

meno apprezzabile, di cui non esiste traccia, ma che è assistita da un conto corrente aperto presso una banca compiacente con sede nelle isole Cayman. E con un saldo molto elevato.

In questo momento sono seduto sul mio divano preferito, e guardo nel vuoto, sperando che mi dia risposte che cerco da tutta la vita. La stanza è buia. Sono solo con i miei inutili ricordi. Intorno a me, sento i fantasmi delle mie vittime. Aspettano che onori il mio debito verso di loro e verso le sofferenze che ho provocato. Vorrei cancellare tutto e tutti, ma non è possibile. La mia fedele compagna è appoggiata sulla scrivania davanti a me. E' una Beretta calibro 9 col caricatore pieno. In varie occasioni ho pensato di usarla per porre fine alla mia malvagia, insignificante esistenza. Ho sempre concluso che era una fine troppo facile e comoda. Il Signore, o chi per lui, mi ha dato,

mesi or sono, una occasione diversa.
Una occasione che mi ha permesso di essere utile, di usare la mia vita per qualcosa che finalmente avesse un valore.
Forse.
Porterò il peso di questi dubbi ancora per un po'.
Attendo.
Qualcuno, tra non molto , porrà termine alla mia miserabile vita.

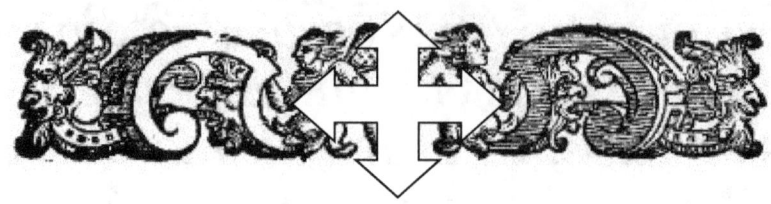

Come è potuto accadere ? Perché sono diventato un rifiuto umano ? A chi , o a che cosa dovrei darne la responsabilità ?
Infanzia infelice ? Miseria ? Genitori incapaci di amarmi ?
No.
Troppo semplice e troppo ipocrita.
Vorrei che la risposta fosse questa.
Ma non può essere.
La colpa è solo e soltanto mia.
I ricordi si affollano, mi tormentano.

Immagini di riviste patinate, di film, di serial televisivi. I protagonisti sono criminali, "mafiosi", pazzi. Quei programmi ne sottolineavano la crudeltà, ma allo stesso modo, volutamente o no, ne esaltavano la potenza, la ricchezza : donne, belle auto, gloria, fama, dominio implacabile sugli altri. E lo spregio, la noncuranza con cui provocavano dolore, uccidevano. Ricordo che tutti quei personaggi sorridevano mentre procuravano male, quasi fosse il modo per arrivare alla soddisfazione, alla gioia.

Io ero un adolescente, ribelle e insoddisfatto ; in quei gesti e in quei comportamenti vidi ciò che non avrei dovuto vedere : il Male fa raggiungere la felicità. La bontà e il rispetto per gli altri sono solo ostacoli da abbattere, da superare senza indecisioni.

Ero a un bivio.

E scelsi la strada più sbagliata.

Alla quotidiana , onesta fatica di un lavoro utile a me e agli altri, preferii la facile via dell'apparente successo immediato e senza fatica.
Cancellai dalla mia mente il Signore Gesù. Ma lui, malgrado tutto, non mi ha mai cancellato.

Ancora ricordi.
Mentre i miei genitori cercavano inutilmente di salvarmi, cominciai con la droga. Da usare e da far usare.
Divenni io, il protagonista di un film.
Solo che non si trattava di finzione.
Provocavo il Male . E sorridevo.
E poi donne, belle auto, soldi.
Tutto come mi ero immaginato.

I fantasmi sono sempre intorno a me.
Avverto i loro sguardi, le loro mute accuse.
Vorrei, ora più che mai, afferrare quella pistola e farla finita.
Forse sarebbe la giusta conclusione.

Ma come posso sapere ciò che è giusto e ciò che non lo è ? Non so cosa sia la giustizia.

I ricordi mi assalgono di nuovo.

Andate via ! Andate via !

Inutilmente cerco di scacciarli.

Eccone uno. Un uomo. Avrebbe voluto sottomettermi ai suoi voleri.
Io decretai la sua sentenza.
Io la eseguii. Di lui non trovarono più traccia.
Dove sei, uomo ? Sei qui, in questa stanza ?
Tra non molto ti raggiungerò, nel tuo mondo di ombre.

Eccone un altro.
Quello spacciatore voleva invadere la mia zona di influenza. Morì a causa di una dose eccessivamente potente del veleno in polvere che lui stesso

distribuiva alle sue fragili vittime. E che io gli inoculai. Il suo sguardo arrogante si trasformò in sguardo di paura e di impotenza. Chiese inutilmente pietà.
Dove sei , spacciatore ? Stai aspettando impaziente la mia fine ?

Dopo di lui, venne il turno di un animale. Non merita di essere chiamato uomo. Usava le donne come schiave, le faceva prostituire, le picchiava e poi , terminato il loro squallido lavoro , le incatenava.
Morì incatenato ad un blocco di cemento, in fondo al mare.
Anche tu sei qui ? Sento il tuo odio.

Vorrei chiedere a tutti loro perdòno. Ma non ci riesco.

Qualcuno, un giorno, mi offrì un lavoro.
Aveva un problema. E sapeva quanto fossi spietato.

Glielo risolsi.
Quel giorno, ebbe origine la "Premiata ditta di pulizie Paul Smith"

Signore , aiutami !
Fa' che la mia fine sia veloce !

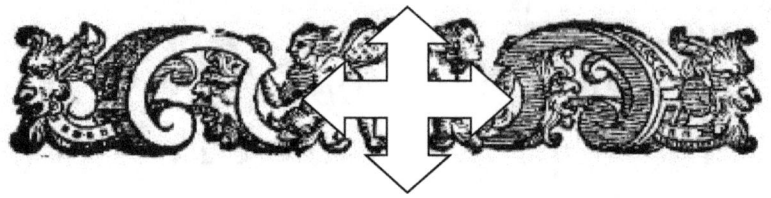

*A*ccadde un giorno qualsiasi, di un mese qualsiasi, in un recente passato non diverso dal mio ignobile passato precedente. Ero alla mia scrivania, intento a consultare resoconti.
Il mio dipendente era uscito : un appartamento da rendere di nuovo lindo e asettico.
Non avevo mai visto quel postino. E mai più l'avrei rivisto. Mi recapitò

una busta. All'interno, un telefono cellulare.
Il violento, ossessivo trillo mi impedì di riflettere.
<<Buongiorno, signor Smith. Abbiamo urgente necessità del suo lavoro di pulizia.>>
La voce era metallica, gelida. Le parole scandite senza incertezze .
<<Con chi stò parlando ?>>
<<Il mio nome non ha alcuna importanza. Potrei essere il Nulla e il Tutto. La cosa non farebbe alcuna differenza....
Ma, d'altra parte, so' che anche per lei i nomi non hanno importanza, vero signor Smith ?
Le nostre personalità, le nostre intelligenze esulano da una burocratica identificazione. Non è d'accordo con me ? Lei ha ragione ad usare questo nome così generico... E' per evitare rischi ai suoi cari...Fa' bene ad essere prudente...Al mondo ci sono tante persone cattive...>>

Queste ambigue parole mi spaventarono.
<<Non tema...nessuno farà loro alcun male...Ero solo un metodo per farle capire l'importanza di essere anonimi>>
La voce stava insinuando una velata minaccia ?
<<Non ci interessa la sua famiglia,o i suoi amici, o le sue amiche, signor Smith. Ci interessa il suo lavoro. Ne abbiamo bisogno.
Immediatamente.
Nella piazza centrale della sua città c'è un locale. Glielo consiglio . Buon cibo e buon vino.
Si conceda un pranzo. Ma prima di pranzare, si rechi alla toilette.
Troverà un plico.
All'interno vi è tutto ciò che le serve per svolgere il lavoro che le stiamo offrendo. Tra cui il 60 per cento delle sue spettanze , calcolato in base alle consuete tariffe da lei applicate in interventi simili.

Onde evitare equivoci e fastidiose incertezze da parte sua, la informo che il telefono dal quale mi stà ascoltando, diverrà inservibile e inesaminabile al termine di questo colloquio, che sarà il primo e l'ultimo tra noi.

All'interno di quel plico, troverà inoltre le informazioni circa il pagamento del saldo residuo, che avverrà solo alla buona esecuzione del suo lavoro.

Mi dimentichi, signor Smith. Le auguro una buona giornata. Porga i nostri saluti più cordiali alla sua famiglia e ai suoi amici .>>

La voce , totalmente priva di emozioni, si dissolse nell'etere .

Ricordo che ebbi più di un brivido di paura.

Quell'uomo doveva essere molto esperto. Era stato attento e prudente: non aveva pronunciato parole e frasi che potessero incriminarlo né rintracciarlo o identificarlo, in caso avessi registrato in qualche modo la telefonata.

Aveva usato il "noi". Poteva significare che fosse il capo, o il portavoce di un gruppo di persone. Ma poteva essere anche una falsa traccia.

Il telefono, come mi aveva preannunciato, divenne inservibile. La scheda interna si era surriscaldata e evaporata rapidamente. Nessun codice numerico nell'involucro.

Che cosa avrei dovuto fare ?

In quel momento non mi ponevo gli scrupoli morali che adesso , giustamente, mi tormentano.

Mi aveva cercato perché eseguissi un lavoro : ciò che avevo fatto in varie altre occasioni. Nulla di più e nulla di meno. Inoltre, ritirando quella busta , avrei forse avuto la possibilità di ottenere qualche elemento in più per identificarlo e, perciò, poter disinnescare la velata minaccia che lui aveva ambiguamente pronunciato verso i miei familiari e i miei amici.

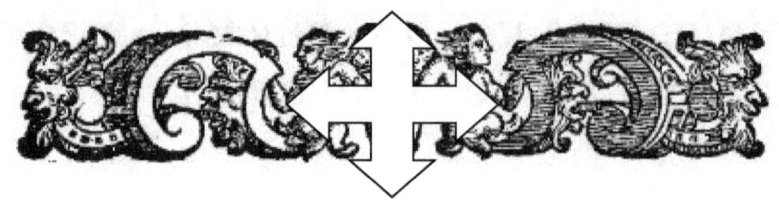

*L*a piazza era quasi deserta.

L'imponente edificio religioso ne occupava un intero lato. Fui attratto distrattamente dall'immagine di quella chiesa. A coloro che gli erano fedeli, quel luogo elargiva risposte, donava pace, riservava un senso a tutta una vita.

Ciò che io, allora, non ero ancora disposto a comprendere.

Cancellai quei fastidiosi pensieri.

Nella penombra di un angolo della piazza, studiai i vari elementi del quadro : rari passanti, qualche vettura , negozi e botteghe intente ad una normale attività. Nulla di strano, ma l'esperienza suggeriva che qualcuno mi stava osservando.

Il locale era ben arredato. Luci non arroganti illuminavano i tavoli.
Alcuni commensali. Ben vestiti. Concentrati tra loro in dialoghi sommessi.
Il cortese cameriere mi indirizzò verso un punto appartato. Sembrò intuire che non desideravo essere al centro dell'attenzione. O, forse, non trattò di semplice intuizione.
Venne il momento .
<<Mi scusi...mi può indicare dove si trova la toilette ?>>
<<Prego, signore...in fondo al corridoio...non può sbagliare>>, rispose il giovane cameriere.
La luce era molto tenue, immersa in un'ombra malvagia, di cui ebbi paura.

Ad ogni buon conto, tenni pronta l'arma che portavo nella tasca.
Chiusi la porta della toilette.
Cercai rapidamente.
Eccolo.
L'involucro era nascosto dietro un piccolo armadietto.
All'interno c'erano soldi. Molti soldi.
Dai volumi delle mazzette , li valutai in circa duecentomila dollari.
Un cifra alta, rispetto alle mie tariffe usuali.
La cosa, in luogo di rendermi soddisfatto , mi insospettì : perché pagare così tanto ? L'obiettivo era molto pericoloso ? Oppure un'offerta così importante voleva indurmi ad abbandonare remore , o dubbi ?
Insieme al denaro,c'erano informazioni dettagliate . Indirizzi, numeri di telefono, abitudini, luoghi usuali di frequentazione,percorsi. E fotografie.
L'uomo era un tipo molto comune : mezza età, non atletico né robusto, calvo, occhiali da vista, una lieve

pinguedine. Lo si sarebbe detto impiegato in qualche ufficio pubblico.
Non c'erano indicazioni sulla sua attività lavorativa. Era scapolo.
Nessun familiare vivente.
Cominciai a fare ciò che non avevo mai fatto : pormi domande.
Che cosa rendeva quell'uomo così pericoloso, tanto da renderne necessaria l'immediata, molto remunerata eliminazione ?
Tornai al mio tavolo. Consumai il pasto velocemente.
Poi uscii.
Al centro della piazza, un uomo.
Stava leggendo un giornale.
Niente di strano.
Ciò che era strano, era il fatto che stava guardando me, non il suo giornale.
Mi allontanai rapidamente.
Sostai più volte davanti a negozi e vetrine, cambiando più volte percorso e verificando che non fossi seguito.
Nessuno.

Salii in auto.
Ancora vari cambi di itinerario.
Infine, giunsi all'abitazione che usavo come rifugio segreto.
O almeno, così speravo fosse.

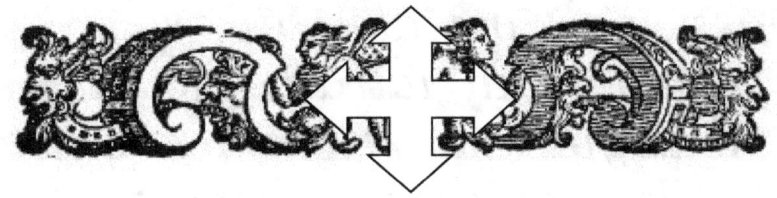

L'obiettivo risultava svolgere una attività di consulenza finanziaria e di assistenza su contratti di forniture di varia natura, non specificata.
La sua abitazione non appariva, all'esterno, particolarmente sfarzosa.
Un aspetto anonimo, come tante altre.
Malgrado ciò, era attentamente protetta.
Un alto muro di cinta ne impediva un facile accesso. L'entrata era un

massiccio portale di legno. Si intuivano, dai latrati, alcuni feroci cani da guardia. Telecamere e sistemi di allarme erano disposti, con discrezione, lungo tutto il perimetro.
Entrare non sarebbe stato facile. Uscirne, ancora meno. Ma, soprattutto, avrei dovuto lasciare tracce evidenti del mio passaggio . E questo mi avrebbe compromesso pericolosamente.
Avrei dovuto trovare altre soluzioni.

L'uomo, stando alle informazioni, era molto abitudinario. Sveglia alle 8, colazione. Poi, con un autista che fungeva anche da guardia del corpo, il viaggio verso l'ufficio. Un percorso di circa 45 chilometri.
Alle 17, termine della giornata lavorativa. Il ritorno verso casa, percorrendo il medesimo itinerario.
Una strada tortuosa, con salite, discese, curve pericolose. E , soprattutto ,assai poco frequentata.

Capii cosa dovevo fare.

Quella mattina , il sole non ne voleva sapere di svegliarsi. Se ne stette rintanato tra le coperte delle sue nuvole. Le quali non trattennero una fitta, incessante pioggia.
Il grande portale di accesso si aprì , puntualmente.
La potente vettura uscì di lì a poco.

Osservai lo scenario con un binocolo.
Sarebbe trascorso poco tempo.
Poi , l'auto sarebbe transitata davanti al punto in cui mi trovavo, ad elevata velocità.
Ancora dieci minuti.

Rare le vetture e ancor più rari i mezzi pesanti. Non ci sarebbe stati testimoni. O almeno quello era ciò che pensavo.
Predisposi l'attrezzatura che avevo preparato.

Cinque minuti.
Avvertivo una strana , logorante angoscia,malgrado fossero situazioni che avevo già sperimentato.
Tutto il quadro di quella vicenda mi appariva incongruente, in qualche modo disarmonico . Continuavo a pormi domande : perché quell'uomo inerme faceva tanta , urgente paura ? Perché quella vita valeva una cifra tanto elevata ?
Chi era o chi erano i committenti ?

Ancora un minuto.
La vettura stava arrivando. Ad alta velocità.
Nessun'altra auto né testimoni erano visibili.
Azionai il meccanismo.
La catena dentata che avevo mimetizzato attraverso la strada si sollevò.
L'impatto fu efficace. Gli pneumatici esplosero subito.

L'auto divenne indomabile, compresse il muso sull'asfalto, roteò in aria su se stessa come un giocattolo impazzito, superò la barriera laterale e precipitò nel dirupo sottostante.
Tolsi la catena dentata dalla strada.
Poi scesi lungo la china.
Dovevo completare la sentenza di morte che mi era stata affidata.

Ecco la vettura. Era irriconoscibile.
Un disperato relitto.
L'autista non ebbe bisogno della definitiva esortazione per l'eternità : se ne era già andato.
Il misterioso passeggero dava ancora qualche labile segnale di vita.

Non dimenticherò mai ciò che accadde in quella breve frazione di tempo.

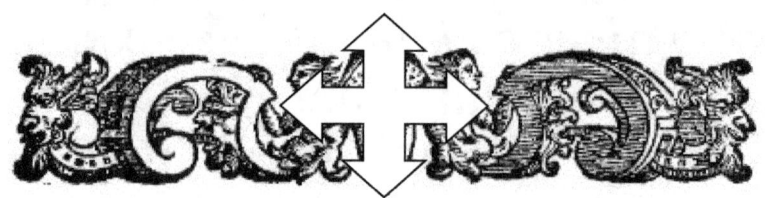

I suoi occhi cercarono i miei.

Ma non stavano chiedendo pietà, né aiuto, né misericordia.

L'uomo aveva accettato il suo destino. Non rinunciò alla sua dignità, anche in quei suoi ultimi momenti.

Mi ero preparato a quella situazione: l'avrei finito soffocandolo.

Ma più guardavo i suoi occhi, più mi sentivo incapace di agire.

Una forza incomprensibile, per una belva feroce quale io ero , e sono, me lo stava impedendo.

Uccidilo ! Uccidilo !

Una voce imperiosa urlava dentro me.
Ma non potevo.

<<Lei ha ucciso me.... Ora loro uccideranno lei....>>
Quel morente, flebile sussurro divenne fragoroso come un tuono, dentro il mio cervello.
<<Non le chiedo di risparmiare la mia vita...Le chiedo di impedire che accada qualcosa di spaventoso...
Fermi tutto questo ....la prego...
Nella mia casa....cerchi la relazione....>>
L'uomo reclinò il capo tra le mie braccia.
Rimasi incapace di reagire per un tempo che non seppi misurare.

Poi, l'istinto di sopravvivenza ebbe il sopravvento. Se quell'uomo aveva detto il vero, dovevo fuggire subito da lì. Qualcuno mi stava cercando. Qualcuno voleva uccidermi.

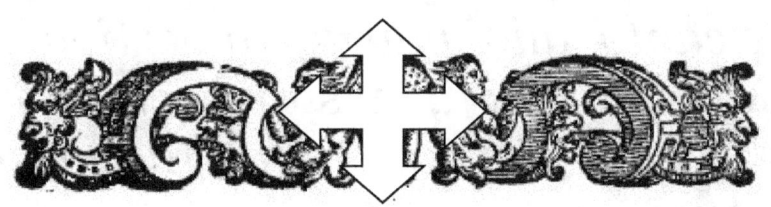

Alle mie spalle, fruscii inequivocabili.
Mi stavano cercando.
I rumori erano leggeri, quasi impercettibili. Gente esperta.
Non dovevo farmi prendere dal panico; era essenziale dominare le emozioni. Mi ero già trovato in situazioni simili e ne ero uscito solo controllando le paure, reazioni naturali che l'istinto di sopravvivenza, in quelle circostanze, alimentava.

Accanto alla paura, avvertivo mille domande : chi, mi stava cercando ? E perché ? Chi era l'uomo di cui avevo provocato la morte ?
Avevo una sola certezza : il patto stabilito con l'ignoto telefonista, ora, non aveva più alcun valore. Soltanto lui, o chi per lui, avrebbe potuto tendermi quella trappola. E ne erano indiretta conferma le parole del morente : " lei ha ucciso me... ora loro uccideranno lei...".

Il nero velo della notte stava avvolgendo il bosco . Questo poteva essermi di aiuto. A condizione che i cacciatori che mi stavano braccando non avessero avuto a disposizione qualche sofisticato strumento di ricerca, come rilevatori di calore umano, visori notturni, oppure cani ben addestrati.
Dovevo nascondermi.
I fruscii erano ora più intensi, più vicini.

Fu un miracolo ? Non saprei . Qualcuno, al di sopra di ogni miseria umana , forse aveva deciso che dovevo vivere ancora.
Trovai una grotta.

I fruscii divennero urti, rami spezzati con violenza, contrasti che la natura immobile subiva dall'arroganza di quegli uomini.

Poi, lentamente, i rumori si attenuarono, divennero lieve eco lontana.

Ora ,in quella caverna, ero solo con me stesso.
Come di fronte ad uno specchio, il buio mi mostrò d'improvviso tutta la mia stupida malvagità.
Rividi gli occhi di quell'uomo in attesa della fine, sopraffatto da lamiere contorte e tragicamente incoerenti.

Udii di nuovo le sue parole sferzanti: " lei ha ucciso me... ora loro uccideranno lei ...".
E rividi, dal mio passato, cinque , dieci volti e sguardi di altri esseri umani che, inermi, avevano atteso che decretassi la loro sentenza.

Avvertii lacrime tra le mie mani. Una inutile, tardiva disperazione .
Avevo creduto di essere dio, di avere il potere di vita e di morte sul mondo.
Era solo il potere di un infimo, insignificante rifiuto del genere umano.
Per la prima volta, in quella caverna, mi resi conto di ciò che ero veramente.

Il pensiero di mio padre, mia madre, i miei fratelli mi distolse.
Uscii dalla grotta, ormai incurante di ogni prudenza. Nessuno di loro rispose alle mie telefonate.

Speravo che fossero solo difficoltà di comunicazione.
Forse fu solo dovuto a ciò che restava di ancora umano in me , ma ricordo che guardai il cielo. Una istintiva, primordiale ricerca di Qualcuno che mi tendesse la sua mano ?
Non saprei.

Mentre camminavo nel bosco popolato da spaventosi, neri alberi, dentro di me quell'uomo continuava a parlarmi : "...Le chiedo di impedire che accada qualcosa di spaventoso...Fermi tutto questo...la prego...cerchi la relazione..."
Che cosa poteva essere quella relazione ? Un rapporto tra persone ? O tra avvenimenti ?Una relazione matematica, scientifica ?Un resoconto scritto da qualcuno , per qualcuno ? Un legame o un nesso da individuare tra qualche episodio o vicenda umana ?

L'uomo mi aveva dato una traccia:"
...cerchi nella mia casa..."
Lì avrei cercato.
Era venuto il momento di saldare i miei debiti con il mondo.

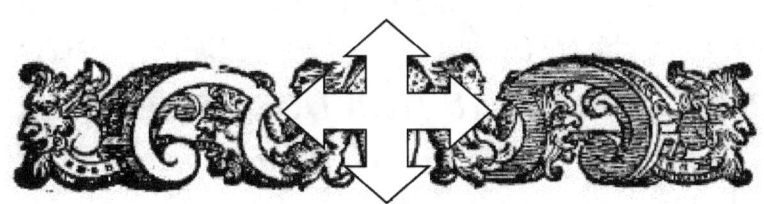

La luce stava lentamente vincendo la sua lotta quotidiana contro le malefiche ombre della notte.
Attraversai un crinale boscoso, mentre inutilmente tentavo di contattare i miei genitori.
Salito sulla sommità , riuscii ad individuare alcuni conosciuti punti di riferimento.
Il mio rifugio, che speravo essere ancora segreto, non era lontano.

Con cautela , e cercando di mantenermi il più possibile nascosto tra il fogliame, percorsi la china che mi riportò nei pressi della strada principale.
Non mi parve di essere inseguito.

Infine , arrivai alla piccola casa. Dopo aver prudentemente controllato che non vi fosse qualcuno appostato nelle vicinanze, vi entrai velocemente. Cercai di mantenere il controllo delle mie reazioni , e di riflettere con rapidità : al momento , quel rifugio era in apparenza ignoto ai miei sconosciuti avversari, ma non lo sarebbe stato per molto. Da un vano nascosto, estrassi una potente, ma non ingombrante, pistola mitragliatrice , che munii di silenziatore.
Modificai il mio aspetto , radendomi barba e capelli. Avevo disponibile un passaporto falso con quelle sembianze.

Indossai un nuovo giaccone, nascondendovi una cifra importante in banconote.
Poi abbandonai la casetta.
Non vi sarei più tornato.

La fermata dell'autobus.
Salii e discesi più volte, cambiando itinerario.
Erano trascorse molte ore dall'incidente. Dovevo sbrigarmi : salvare le vite di mio padre, mia madre e dei miei fratelli poteva essere questione di minuti.
Loro non sapevano nulla della mia vera vita : uno strano pudore morale mi aveva impedito di dire loro che razza di animale ero diventato.

I finestrini dei pullman. Ricordo che vi scorrevano immagini di vita semplice, sicuramente faticosa: agricoltori che plasmavano la natura, attenti a non farle violenza.E poi allevamenti di docili, umili

animali che l'Uomo aveva imparato a rendere utili, ma rispettandoli, come essenziali compagni di lavoro e di fatica quali erano.
Una vita lontana dai miei ignobili ideali , che mi apparve degna di essere vissuta.
Una indefinibile sensazione cresceva dentro la mia mente. Cercai di scacciare quei pensieri : accoglierli equivaleva a dichiarare a me stesso che avevo sprecato la mia intera esistenza.

Arrivai alla destinazione. Una piccola cittadina. Ancora nessuna risposta alle mie chiamate telefoniche.
Corsi verso l'abitazione dei miei.
Il cuore mi percosse il petto senza tregua.
Ansimante , mi avvicinai all'entrata.
Ricordo quel gesto istintivo.
Guardai ancora una volta il cielo, cercando Qualcosa o Qualcuno che lì, doveva essere.

Lì, al di sopra di ogni bassezza umana.
Ma ,di nuovo, scacciai quei pensieri.
Dio, allora, non rientrava nei miei piani.

La porta di accesso era socchiusa.
Non badai più alla prudenza. Estrassi la pistola.
Corsi da un vano all'altro. Chiamai, urlai , disperato, quei nomi che avevo impunemente tradito in ogni ideale che mi avevano insegnato.
<<Mamma ! Mamma ! Papà !>>
Nessuno mi rispose.
La casa era deserta.
Le lacrime , che, come simbolo di debolezza, da sempre avevo rifiutato , ora divennero inarrestabili.
Tutto il mio orgoglio, la mia vanità si dispersero in quel liquido implacabile.
Ripresi a fatica il controllo di me stesso.

"La prego ... fermi tutto questo..." mi aveva chiesto quell'uomo prima di morire.
Ora avevo una ragione in più per fermarli.

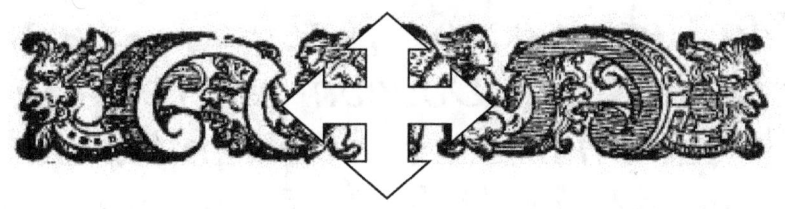

Non c'erano apparenti novità. L'abitazione mi appariva inalterata rispetto all'ispezione che avevo effettuato giorni prima : recinzione protetta da telecamere attive, cani da guardia all'interno. Percorsi il perimetro evitando il campo visivo delle telecamere. Le finestre erano aperte, ma non c'era alcun segno di vita. Luci spente, tende chiuse.
"Cerchi la relazione…", aveva detto l'uomo.

Ma che cosa poteva essere "la relazione"? Doveva essere qualcosa di facilmente rintracciabile. Se così non fosse stato, lui mi avrebbe fornito qualche elemento in più.
Forse.
Davo per certo che egli volesse realmente farmi trovare ciò che mi aveva indicato. La qual cosa non era per nulla certa, considerando che io ero la sua causa di morte, e quindi non ero uno che, in quel momento, meritasse un premio, almeno dal suo punto di vista.

In un punto del perimetro, c'era un grosso albero, i cui rami si diffondevano su ambedue i lati del muro.
Da lì, sarei entrato.

Attesi la notte, seduto su una panchina poco distante.
Nessuno era entrato. Nessuna era uscito.

Mi avviai.
La paura mi fu compagna.
Stavo rischiando la vita per qualcosa che non mi apparteneva : ideali e sentimenti.
Quegli strani ,indeterminati impulsi stavano rinnegando quello che ero stato sino ad allora ? Ero ancora un animale privo di scrupoli e di coscienza ? O cominciavo ad essere un vero uomo ?
Scacciai quelle inutili domande.
Non era il momento di dibattiti mentali. Avevo bisogno della massima concentrazione ; tutte le mie facoltà sensoriali dovevano essere attive e ben presenti.

Mi avvicinai alla pianta.

Avevo notato che la telecamera che copriva quel tratto di muro aveva una fase di qualche secondo in cui era orientata verso un altro lato.

Mi issai sul muro, sfruttando fessure e fenditure.
Ansimando, riuscii in tempo utile a sistemarmi su un ramo che esponeva sul giardino.

Attesi secondi eterni.
C'erano altre telecamere che inquadravano quel punto ?
Ero pronto a reagire.
Il silenzio era interrotto solo dal mio respiro.
Dovevo percepire attentamente tutto ciò che accadeva intorno a me.
Ogni più piccola variazione di quello scenario poteva rappresentare un pericolo mortale.
Nessun rumore.
Nessun segno di vita.
Mi calai dal ramo .
Ora non avrei avuto più alcuna via di fuga.
Cercai di attutire i miei movimenti.
Ma fu tutto inutile.
Alle mie spalle, un sordo brontolìo.

Presto , divenne un ruggito.
Una belva enorme stava correndo verso me. Le sue fauci erano pronte a dilaniare e a uccidere.
Non ne ebbe il tempo.
Premetti il grilletto. Il rumore fu simile a quello di un ramo spezzato, ma l'effetto fu molto più devastante.
Il corpo di quel cane fu quasi tagliato in due parti dal proiettile esplosivo che vi penetrò.
Con il cuore in gola, mi sdraiai sull'erba in attesa di un nuovo nemico.
Tutto fu, di nuovo, silenzio.
La notte e la luna proseguirono il loro cammino senza curarsi di quanto accaduto.

Mi avvicinai cautamente alla porta di accesso.
Ciò che accadde dopo non fu merito di chiare percezioni visive o uditive.
Ebbi solo la strana sensazione di una presenza.

Mi voltai.
E questo mi salvò la vita.
L'uomo brandiva un coltello ma io schivai il suo assalto ed egli cadde sul terreno.
Non gli diedi il tempo di pentirsi dei suoi peccati.
Un proiettile gli fece esplodere la testa.

Mi stavano attendendo ?
Oppure si trattava semplicemente di un sicario che stava svolgendo il suo turno di guardia ?
In ogni caso, dovevo sbrigarmi.
Era probabile che altre telecamere, interne al giardino, avessero percepito e registrato quanto accaduto; presto avrei avuto altra compagnia.
Entrai nella casa.
Che cosa avrei dovuto cercare ?
Il posto più banale dove iniziare era un ufficio o uno studio, dove l'uomo doveva lavorare e dove avrebbe

potuto tenere documenti o altro materiale importante.
Al piano terra, solo locali di servizio, magazzini, cucine, cantine.
Salii al primo piano. Ero dotato di un visore a raggi infrarossi, per cui non avrei avuto necessità di accendere luci.
Una sala da pranzo.
Poi un paio di camere da letto.
Restava una porta, al termine di un lungo corridoio.
Notai la presenza di una luce intermittente .
Non c'erano dubbi : si trattava di un rilevatore elettronico.
Accelerai il passo mentre inserivo lo sparo a raffica nella pistola.
Con forza aprii la porta dell'ufficio.
All'interno, una grande scrivania, quadri alle pareti, un ampio scaffale con numerosi volumi.
Forzai tutti i cassetti e le ante che trovai.

Non c'era nulla. Né documenti, né fotografie, relazioni, calcoli matematici.
Niente di niente.
Probabilmente qualcuno aveva provveduto a ripulire la stanza.
Non avevo a disposizione molto tempo.
Le pareti.
Un nuovo misterioso impulso mi indusse a osservare i quadri appesi.
Panorami splendenti di colori. Poi, una immagine di mare e di tramonto.
E poi due giovani. Teneramente abbracciati, si baciavano . Mi apparve come la rappresentazione di una unione spirituale, prima che fisica.
Un sentimento che non avevo mai provato.
Il titolo. Guardai il titolo , sospinto sempre da quello strano impulso.
C'era scritto "La relazione".
Avevo trovato ciò che cercavo!
Tolsi il quadro dalla parete.

Dietro alla tela, un plico.
L'afferrai.
Avvertii un lieve fruscìo proveniente dal corridoio.
Mi sdraiai sul pavimento.
La sorpresa di cui io sarei potuto essere vittima, fu invece ciò che colse, inaspettata, i miei nemici.
La pistola intonò il suo canto mortale.
Quattro uomini furono falciati immediatamente.
Un quinto ne fu vittima mentre fuggiva lungo le scale.
Scesi correndo in giardino.
Ormai non aveva più senso essere prudenti.
Aprii il cancello e mi immersi nel buio della notte.

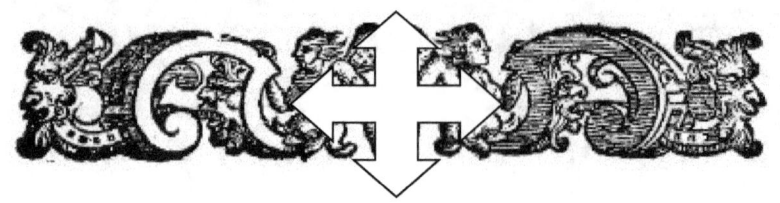

L'albergo era in un quartiere malfamato della città. Il portiere non mi fece molte domande, né avrebbe cercato risposte. Una soluzione provvisoria . Il tempo necessario per riposarmi e riprendere il controllo della situazione , e di me stesso.
La camera era angusta e opprimente. La avvertivo più come prigione che come luogo di riposo.
Accanto alla angoscia di quelle quattro pareti, percepivo la pena per

il destino dei miei genitori e dei miei fratelli.

Dove siete ?
Dio , aiutali ! E salvali !

Per la prima volta nella mia vita, stavo cercando aiuto in Qualcosa che non vedevo, non toccavo. Dubbi e paure disperanti mi tormentavano , mentre, sdraiato sul letto , continuavo a guardare quel plico.

Sei solo un mucchio di carta !
Perché dovresti valere la vita di persone innocenti ?

Infine , aprii la busta.
Una diecina di pagine , fittamente compilate.
L'inizio del contenuto riportava una denominazione sconosciuta.
"THE SOCIETY". Così incominciava.
A prima vista l'insieme dei fogli pareva essere un rapporto redatto

per ottenere l'approvazione di qualcuno.
"PER I NOSTRI FRATELLI E PER LA SALVEZZA ".
Al comma iniziale era riportata quella che ritenni essere una relazione matematica:

Progress R <u>2</u> _ <u>4</u> _ <u>6</u> _ <u>8</u> _ <u>10</u> _ <u>12</u>
Progress P 2   4   8   16   32   64
Risultante : -1,74

Proseguii la lettura.
Ciò che vi era esposto era terrificante.
Quell'uomo, morente tra i rottami della sua auto, aveva ragione.
Stava per accadere qualcosa di spaventoso.
Non aveva accusato me del suo destino : io ne ero solo una ignobile pedina. Aveva accusato coloro che avevano redatto quel rapporto. E che avevano un potere immenso.

Ma ora io, l'ignobile pedina, avrei provato a fermarli? Oppure mi sarei adeguato a una realtà più grande di me?

Dovetti ancora una volta modificare il mio aspetto. Parrucca e occhiali da vista furono sufficienti; avevo un altro passaporto compatibile con quelle sembianze.
Mi trasferii con un autobus in una città vicina.

Trovai un alloggio. Un piccolo appartamento ammobiliato, dotato di televisione.
<<Quanto pensa di trattenersi, signore?>>, mi chiese, dubbioso, l'affittuario.
<<Non molto...il tempo necessario per risolvere un piccolo problema...>>, risposi, con un forzato sorriso.

Appena depositato il bagaglio, consultai tutti i canali di informazione disponibili.
Nessun riferimento al mio assalto alla villa e alle vittime che vi avevo lasciato.
Nessuna notizia su di loro.
Nessuna notizia su me.
Quei morti non erano mai esistiti.
Avevano preferito occultare tutta la vicenda, piuttosto che scatenare la Polizia alla mia ricerca.
Che cosa poteva significare?

E poi vidi la notizia che non avrei mai voluto vedere.

Chiamai un taxi, cercando di dissimulare la disperazione.
<<La prego, mi porti più velocemente possibile in questo luogo...>>, indicai all'autista una località presso la foce del fiume.

Arrivammo mentre non erano state ancora completate le operazioni di recupero.
I sacchi neri erano stati accantonati sulla riva, come fossero immondizia.
Ma non erano immondizia.
In quei sacchi c'erano parti di vite umane innocenti.
Riuscii a raggiungere un'ansa leggermente più elevata . Da lì avrei avuto una visione più chiara, non impedita dalla folla di giornalisti , curiosi e gendarmi .
Speravo ancora. Ma sapevo trattarsi di speranza vana.
Riconobbi i brandelli dei vestiti. Altro non vi era, di riconoscibile.
I miei genitori e i miei fratelli erano stati sezionati accuratamente.
Non volli più guardare quello scempio bestiale e inutile.
E piansi senza più alcun ritegno.

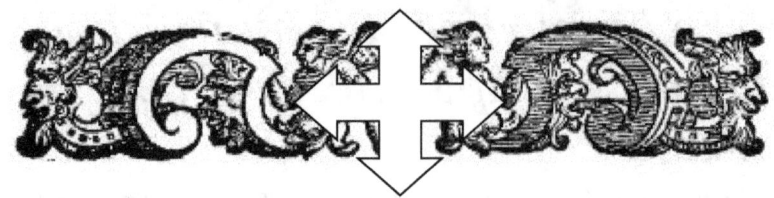

Li avrei trovati. Avrei rintracciato coloro che avevano sottoscritto quella relazione.
Non avevo potuto salvare i miei familiari, ma avrei impedito qualcosa di molto più grave.
Lasciai l'albergo e noleggiai un auto. Non dovevo lasciare tracce, per cui pagai tutto in contanti.

Volli passare un'ultima volta davanti alla sede della "Premiata ditta di pulizie Paul Smith".

Le insegne erano spente, la saracinesca abbassata : il segno che una vita si era conclusa, con tutto il suo fardello di malvagità e di morte.
Proseguii, lasciandomi alle spalle quel passato. Ora mi attendeva un'altra vita, con altre malvagità e altra morte, ma per motivi e giustificazioni diverse.
Migliori ? Lo speravo.

Da dove cominciare ? Come avrei potuto rintracciarli ?
Al termine del testo erano state apposte quattro sigle : Alfa, Beta, Gamma, Delta, accompagnate da una specie di croce a quattro punte.
Una setta religiosa ? Come spesso era accaduto in passato, e accade nel presente, in nome della religione si erano compiuti e si compiono crimini orrendi.
E questo era uno di quei casi?

Dio, aiutami ! Fammi impedire ciò che stà per succedere !

Tornai nei pressi della villa dove avevo trovato quel documento.
Era l'unico anello di quella misteriosa catena del quale ero a conoscenza.
Il fatto che non erano state divulgate notizie dello scontro e dei morti che ne erano seguiti, faceva pensare che quel luogo era considerato ancora utile all'Organizzazione.
Perciò qualche suo componente lo avrebbe potuto ancora frequentare.

Fermai l'auto poco lontano, fuori dal raggio visivo delle telecamere, ma in grado di osservare il cancello di accesso.

Il tempo scorse lentissimo , sino a diventare insostenibile.
Stanchezza, rabbia , impotenza, dolore stavano piegandomi.
Dovevo resistere.

Poi, d'improvviso, lo scenario cambiò.
Il cancello si stava aprendo.
I fari di una potente auto.
Col binocolo , riuscii a leggerne la targa.
Ora avevo un elemento più tangibile.

Giorno successivo.
Il locale non era particolarmente elegante, né frequentato da una clientela facoltosa. La mia presenza non avrebbe lasciato tracce.
L'avevo scelto per quel motivo e perché era dotato di un Internet Point.
Le banche-dati cui avevo accesso furono di aiuto.
Proprietaria dell'auto era indicata una società anonima, la "Brothers s.a."
Ulteriori ricerche.
Essa apparteneva ad un'altra società, chiamata "Partners & co.".
C'erano esseri viventi reali, dietro questa storia, oppure tutto era

demandato ad altre società , altre sigle, altre entità di fantasmi, in un gioco di scatole cinesi infinite ?

Infine trovai qualcosa di tangibile : un indirizzo postale .

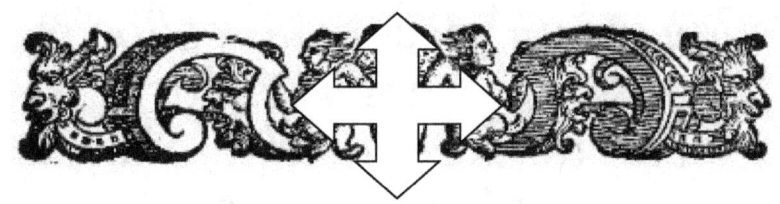

*R*oute d'Arlon, Citè de Luxembourg.

Era un palazzo anonimo, sede di vari studi commerciali e legali, e di società, per la maggior parte straniere, che utilizzavano quel domicilio per motivi fiscali.

Nessuno avrebbe notato la presenza di uno sconosciuto professionista in elegante abito blu, con valigetta 24ore. Uno dei tanti personaggi omologati e stereotipati di quel palazzo.

Le indicazioni all'entrata collocavano la Partners & co. al terzo piano.
La porta di accesso era munita di telecamera e videocitofono.
Suonai il campanello.
Nessuna risposta.
Non avevo altra soluzione che chiedere al personale di servizio del palazzo.
<<Buongiorno...>>,chiesi all'arcigno portiere ,<<Avrei necessità urgente di interloquire con il responsabile della sede locale della Partners & Company..........avevamo un appuntamento ma evidentemente , per un disguido, non ci siamo capiti bene...oggi sono assenti per l'intera giornata ?>>
<<Mi scusi ,signore, ma non sono tenuto a darle informazioni sugli inquilini presenti in questo edificio..>>
<<Mi perdoni...comprendo benissimo la sua giusta reticenza... ma mi permetta di insistere..il titolare della

azienda non potrà che esserle grato per aver violato sia pure molto marginalmente la sua privacy. La proposta di affari che gli dovrei presentare è di valore enorme...Una proposta che non ripeterò ...mi limiterò a rivolgermi ai suoi concorrenti..>>

Il portiere rimase dubbioso per eterni secondi. Poi replicò.

<<Signore, le posso solo dire che una volta alla settimana un incaricato della Partners & Company sale in ufficio, si trattiene poche ore, ritira la posta giacente presso di noi e se ne va.

Dovrebbe venire domani , verso le 15...>>

<<La ringrazio ...e ora mi spiego il disguido ...ho compreso male il giorno dell'appuntamento...Non abbia dubbi . Lei ha reso una grande opportunità alla Partners & Company.

Il titolare le sarà riconoscente. Le lascio il mio biglietto da visita>>

Il biglietto riportava la denominazione e l'indirizzo di uno studio legale realmente esistente, ma che si trovava all'altro capo del mondo, dove in quel momento era notte fonda. Una chiamata di controllo non avrebbe avuto riscontro, come era giusto che fosse . Anche gli studi legali vanno a dormire.

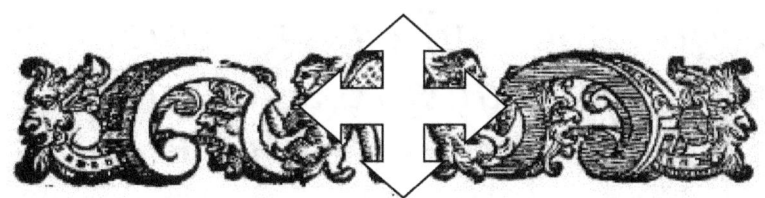

*G*iorno successivo, ore 14,30.

Seduto nella saletta , poco lontano dall'ufficio della Partners & Company, fingevo di leggere documenti, mentre ero in attesa di qualcosa che sarebbe accaduto.
Osservai l'ininterrotto flusso di individui che si alternavano in quello scenario : li immaginai managers, avvocati, banchieri, professionisti , mediatori, faccendieri di ogni livello.

Inseguivano affari, persone, soldi, potere . Una giostra senza fine.
Non si curavano di me. Ero uno di loro. Uno dei tanti, un volto da non ricordare. Era ciò che desideravo.
Stavo per salire un altro gradino verso la soluzione del problema . Risolvere problemi era il mio lavoro, ma in questo caso si trattava di un immenso problema.
Dubbi e domande mi tormentavano : stavo perdendo tempo ? Sprecavo energie inutili ? Quel problema era al di sopra delle mie possibilità . E dei miei malvagi principi morali. Stavo rischiando la vita per la "giustizia" .
Perché ? Ne ero sempre stato nemico ! Più volte ebbi la tentazione di uscire da quella saletta, da quel mondo che non era il mio e di tornare nel mio vero mondo , dove le regole erano crudeltà e assenza di scrupoli morali. Quelle , erano le mie regole.
Ma c'era qualcosa ,dentro me, che lo impediva.

Ore 15.
L'uomo era alto, robusto, biondo. Poteva essere di origine nordeuropea o slava.
Voltò lo sguardo intorno a sé, ma parve essere solo un atteggiamento di prudente abitudine, più che il sintomo o il sospetto di un pericolo.
Evitai il contatto diretto con il suo sguardo.
Spesso, a causa di una forza sconosciuta ma reale, avvertiamo che qualcuno ci sta osservando, e il nostro istinto di sopravvivenza ci fa intuire un possibile problema da affrontare. Non dovevo perciò instillargli alcun presentimento ; finsi di studiare alcune carte.
L'uomo, dopo eterni secondi, chiuse la porta alle sue spalle.

Un'altra ora trascorse.
Alle 16 in punto, la porta si aprì di nuovo.

A mia volta, avvertii il suo sguardo.
Forse aveva dubbi sulla mia presenza? Era possibile che avesse visionato le telecamere e mi avesse visto suonare il campanello dell'ufficio?
Impugnai la pistola nella tasca, mentre per l'ennesima volta sfogliai i documenti davanti a me.
Altri eterni secondi. Poi l'uomo, a passi lenti, uscì dall'atrio.
Attesi che si allontanasse.
Poi, velocemente, discesi le scale di servizio per anticipare la sua uscita dall'edificio.
Arrivai alla mia auto mentre lui stava partendo con la sua.
La seguii, mentre annotavo il numero di targa.

La sera avvolse, con rapidità, strade persone, vetture.
Traffico sempre più diradato, manufatti umani sempre meno

addensati lasciarono la scena a alberi, prati, colline.
Nuvole nere si inseguivano nel cielo, annunciando sfavorevoli presagi.

L'auto era davanti a me di circa trecento metri .
Non dovevo avvicinarla troppo; in quel caso avrei destato sospetti.
Uscimmo presto dal Lussemburgo.
Direzione Olanda.
Eravamo su una importante autostrada.
Speravo che il flusso di vetture che mi superavano , e la notte incombente, mi avrebbero protetto alla sua vista.

Infine, la vettura imboccò un'uscita.
Ora , le cose si sarebbero complicate.
Non molte altre vetture si erano immesse in quell'uscita.
Presto, saremmo rimasti solo io e lui.
E questo era molto pericoloso.
Ma il destino, o qualunque altra cosa, fu benevolo.

*La vettura , poco dopo, rallentò e poi si fermò davanti all'imponente cancello di una villa.
Io accelerai e proseguii.
Non serviva più inseguire.
Sapevo dove trovare risposte alle mie domande.*

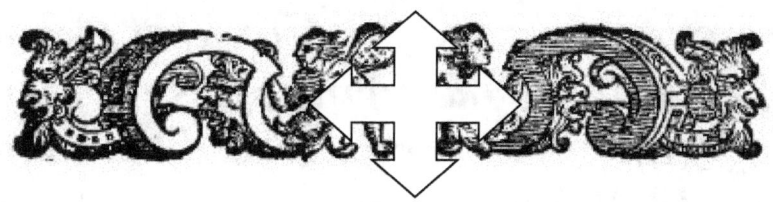

Andrea Andress.

Questo il nome a cui era registrato l'edificio. Ma il nome non significava molto. Colui che mi aveva telefonato aveva tenuto a rimarcarlo :"il mio nome non ha importanza...potrei essere il Nulla o il Tutto..". Così aveva detto. Il computer non seppe darmi indicazioni su quel nome. Nessuna attività ufficialmente registrata , nessun incarico, nessuna carica societaria, nessun lavoro.

Poteva essere colui che nella Relazione si era firmato come "Alfa" ?
In ogni caso , per ciò che avevo in mente, lui non mi sarebbe bastato. Dovevo rintracciare anche gli altri tre firmatari.

Scelsi un posto telefonico pubblico non lontano.
Il numero di telefono era nell'elenco.
L'uomo si sentiva talmente al sicuro che non si era preoccupato di nasconderne la traccia.
Presto avrebbe cambiato idea.
Composi il numero.
"Hellò ?.."
La voce era fredda, melliflua. La riconobbi subito. La stessa voce che mi aveva affidato l'incarico.
<<Buongiorno , signor Andress...>>
Attesi. All'altro capo del filo, un silenzio che immaginai tormentato da domande. E, forse, disseminato di un po' di angoscia.

Ma la sua risposta non fece trasparire emozioni.
<<Buongiorno, signor Smith...Come sta' ?...Che piacere risentirla.. Ho saputo la tragica notizia...i suoi familiari...Un orrendo delitto...Al mondo ci sono persone molto cattive...>>
<<Pagherà anche per questo, signor Andress...non dubiti>>
<<Mi minaccia, signor Smith? Io ritengo farebbe bene ad allontanarsi da dove si trova in questo momento..temo che presto qualcuno la verrà a cercare...>>
<<Anch'io le do' un consiglio, signor Andress..Lo do' a lei e ai suoi tre amici...Io ritengo farebbe bene a costituirsi alla giustizia. Prima che sia la mia giustizia a raggiungervi!>>
Chiusi la comunicazione.

Ora l'egregio mister Andress avrebbe certamente contattato i suoi soci.

I quali avrebbero discusso con lui sui possibili comportamenti a cui attenersi. Avrebbero preparato un piano. Forse si sarebbero incontrati. E quindi qualcosa sarebbe accaduto.

Abbandonai subito il posto telefonico. Appena in tempo per veder arrivare una nera auto a tutta velocità.

*S*peravo in una reazione emotiva.

Forse era sperare troppo. Quell'uomo così imperturbabile, avrebbe potuto commettere errori?

Parcheggiai l'auto. Pur essendo nascosto dietro alcuni alberi, avevo una chiara visione del cancello della villa.

Minuti. Poi, ore lentissime.

Come se stessi osservando una infinita clessidra, parve che il tempo non scorresse mai.
La paura, la tensione, la stanchezza fisica e psichica mi stavano piegando.

Ecco!
D'improvviso, l'immobile scenario si animò.
Il cancello, lentamente, si aprì.
Una potente vettura.
A bordo, individuai due passeggeri.
C'era l'autista, e qualcuno seduto sul sedile posteriore.
Accesi il motore e, a prudente distanza, seguii la vettura.

Attraversammo pianure avvolte nelle nebbie. Poi valli, attraversate da un grande fiume.
E colline boscose. E piccoli paesi bianchi.
La velocità non era sostenuta. Chi era a bordo non sembrava avere alcuna

fretta, né sembrava curarsi di eventuali avversari alle sue spalle.

Infine , il viaggio parve avere raggiunto la meta . L'auto abbandonò la strada principale, penetrando in un sentiero sterrato e non illuminato.

Fermai la mia vettura sul ciglio della strada principale, e , innestando il colpo in canna alla mia pistola mitragliatrice , proseguii a piedi.
La luce della Luna fu amichevole; accompagnò il mio cammino dandomi una buona visibilità.

Un chilometro, forse due.
Poi, una larga spianata. E un edificio.
Una costruzione recente a due piani.
Lievi luci alle finestre indicavano presenze umane.
E pericoli in agguato.
Avanzai lentamente, con la pistola spianata.
Nessun ostacolo.

Nessun segno di vita.
Troppo facile.
La cosa ,invece di rendermi fiducioso, mi preoccupò maggiormente.

Ecco la porta dell'edificio.
Era aperta.

<<Buonasera, signor Smith...>>
La voce si propagò nella notte ,simile all'urlo di una iena affamata e pronta a colpire.
<<Ora le chiedo la cortesia di non opporre resistenza, se vuole vivere ancora un poco...>>
Dall'ombra , si mossero sei , sette figure, come fantasmi vestiti di nero.
Erano armati.
Se avessi acconsentito, avrei certamente ritardato la fine , ma non l'avrei elusa. La decisione fu rapida. Finsi di appoggiare la mia arma sul selciato. Ma mi gettai a terra e aprii il fuoco a raffica.

Nessuno di quegli uomini ebbe il tempo di chiedere perdono dei propri peccati. La morte li trascinò via rapidamente.

Ora la strada era apparentemente libera.

Vidi una figura entrare nell'edificio e cercare di sbarrarne l'entrata.

Un'altra mia raffica mandò in frantumi la porta.

Salii le scale di corsa.

La voce parlò ancora. Ma ora non era più fredda né melliflua; esprimeva solo terrore.

<<Cosa crede di poter fare, signor Smith ? Lei non sa' contro chi sta' combattendo...>>

Sentii passi frettolosi e incerti avanzare lungo la rampa di scale davanti a me.

Da uno stipite apparve un inutile ostacolo : un sicario ricevette la lettera di licenziamento definitiva dalla canna della mia pistola.

Una luce al termine di un lungo corridoio.
Una grande sala.

C'erano tre uomini seduti attorno ad un tavolo.
Beta, Gamma e Delta? Forse, qualche ora prima, erano uomini molto potenti .In quel momento erano solo esseri fragili, privi di dignità ,i cui occhi esprimevano solo paura.
Un quarto uomo era in piedi accanto a loro, tremante.
Finalmente, la voce aveva un volto.
<<Ciò che vi sto' dicendo non lo ripeterò...seguitemi tutti e quattro, se volete vivere...E con le mani ben alzate! >>
I quattro, vacillando, si mossero.
Giunti all'esterno dell'edificio, li feci sdraiare a terra e legai loro le mani con le stringhe delle scarpe.
Poi li feci salire su una delle loro auto e abbandonammo quel luogo di morte.

Lasciai l' auto all'imbocco del sentiero e salimmo sulla mia vettura.
Percorremmo qualche chilometro. Poi giunti nei pressi di uno spiazzo laterale, tolsi loro i vestiti e le scarpe, per evitare che strumenti elettronici, eventualmente indossati, rivelassero il nostro percorso.
Ora ero preda e cacciatore. Non più solo preda.

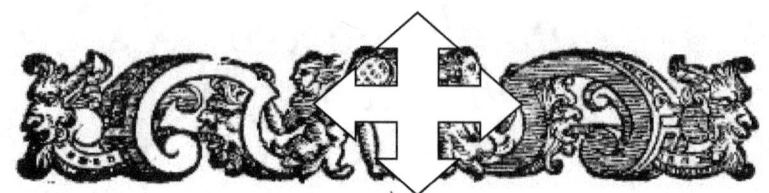

La casetta era ben isolata dal mondo, e poteva essere difesa da attacchi esterni.
Ne avevo richiesto l'affitto qualche giorno prima. Pagamento rigorosamente in contanti.
Trascinai i quattro all'interno.
Poi provvidi a far sparire la vettura in un dirupo poco distante, dopo averle dato fuoco.

Avevo preparato un tavolo per i miei ospiti, adatto alle circostanze.
Ognuno di loro ricevette il cocktail di benvenuto : due grossi bracciali di metallo che avvitai intorno ai loro polsi , e poi al piano del tavolo.
Osservai i loro occhi : l'arroganza era scomparsa;quegli sguardi chiedevano solo pietà, l'unico potere che era loro rimasto.
<<Buongiorno, signori...Tra poco inizierà il processo a vostro carico...
Vi saranno mosse accuse, alle quali voi avrete il diritto di difendervi, se vorrete.
Io sarò il Pubblico Ministero Accusatore, la giuria, e il giudice che pronuncerà la vostra sentenza.
Se le ragioni degli atti e dei comportamenti da voi compiuti, saranno giustificate, avrete la possibilità di salvare le vostre miserabili vite.

Una possibilità che non avete concesso ai miei innocenti familiari>>

<<Questo processo è una burletta...divertente ma temporanea.. Signor Smith, lei è soltanto uno stupido, pazzo criminale..
Non pensa che qualcuno della nostra Confraternita ci stia, in questo momento, cercando ?
Lei ha le ore contate, signor Smith...
Le converrebbe lasciarci andare. Subito, senza ulteriore indugio. E poi fuggire il più lontano possibile...>>
<<Dimenticavo di dirvi un paio di cosette...A tutti voi, e in particolare a lei , signor Andress, o signor Alfa, o comunque si chiami...
Ha ragione..sono un pazzo criminale. Avendomi ingaggiato, avrete certamente assunto informazioni su di me.
Allora, sapete che non ho alcuno scrupolo morale, né pietà, né sentimenti. Né alcun confine etico da rispettare.

Vi dirò quello che succederà...registrerò le udienze di questo processo. Al microfono del registratore, voi fornirete tutto ciò che vi chiederò di fornire. Risponderete a tutte le mie domande, a tutti i miei dubbi.

Dichiarerete le vostre generalità, il vostro luogo di nascita, il lavoro che state svolgendo, e per chi o che cosa lo state svolgendo........Leggerete il contenuto della Relazione che avete sottoscritto. E mi illustrerete tutto quello che vi chiederò di chiarire.

Naturalmente , siete liberi di non rispondere, come in un qualunque altro processo.

Dovete sapere, però , ciò che vi accadrà se non risponderete, oppure se risponderete in maniera che io non riterrò adeguata ed esaustiva : soffrirete molto, molto di più di quanto hanno sofferto i miei familiari.

Nel vostro caso non userò una sega elettrica. Userò un semplice affilato

coltello. Comincerò con le dita delle vostre mani sinistre, falange per falange. Si tratterà di operazioni senza anestesia, ma non temete : tamponerò ogni eccessiva perdita di sangue, per tenervi in vita.
Poi , se non basterà, passerò alle mani , all'avambraccio, alla spalla.
A seguire , toccherà ai piedi, alle gambe. E continuerò, fintanto che di voi non rimarrà che il tronco.
Vi assicuro che , ad un certo punto, mi chiederete di morire.
A voi la scelta.
Sono stato abbastanza chiaro ?>>
I quattro , tremanti, tacquero.

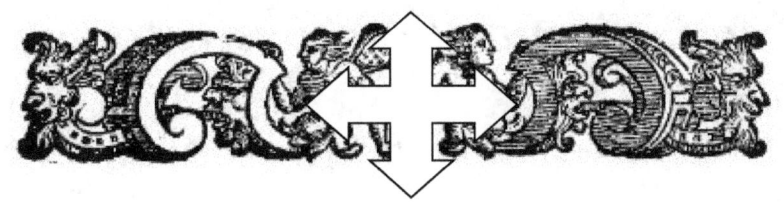

Venne il momento. Attivai la registrazione.
<<Oggi, in questo luogo e in questo momento , alle ore 14,30, ha inizio il processo.
Quattro uomini sono dinnanzi a me. Hanno agito e agiscono in nome e per conto di una organizzazione chiamata "The Society". Verranno giudicati per quello che hanno commesso e per quello che vorrebbero commettere .

Prego, dichiarate le vostre generalità>>

Un inutile, insistente silenzio seguì alle mie parole.

C'era ancora una residua arroganza che non volevano abbandonare e che non riuscivano a dimenticare facilmente.

L'orgoglio del loro potere, in quel momento dissolto ,imponeva loro di resistere,di non cedere all'umiliazione della prigionia.

Presi il lucente coltello e lentamente lo avvicinai alle dita di uno di loro.

L'urlo di dolore e di paura che ne seguì , mise a tacere ogni restante indugio.

<<Andrea Andress, New York>>
<<Cheng Chenli, Pechino>>
<<Bogdan Borissovcic,SanPietroburgo>>
<<David Dahansson, Tel Aviv>>

<<Prima di iniziare il dibattimento, avete qualcosa da dichiarare?>>

Mister Andress volle esternare le sue perplessità. Aveva ancora un po' di superbia da smaltire.

<<Si renderà conto, signor Smith, che in questa farsa di processo nessuno di noi dirà un briciolo di verità. A cominciare dai nostri veri nomi.

Lei è solo uno stupido, pazzo criminale. Non ha pertanto alcun diritto di giudicare noi o chiunque altro. Lei non sa' con chi ha a che fare, ma temo che presto se ne renderà conto>>

<<Signori...ancora una volta vi invito alla collaborazione.

In caso contrario , potrei prendere in considerazione l'emissione immediata a vostra carico di una sentenza con il massimo della pena applicabile. E la più dolorosa possibile...

Passiamo alla prima domanda.

Descrivete il tipo di attività che state svolgendo.

Signor Andress ?>>

<<Mi occupo di consulenze..>>

<<Come, per conto e a favore di chi svolge questa attività?>>

<<Assisto i confratelli aderenti alla nostra organizzazione, che sono responsabili di importanti industrie multinazionali, istituzioni finanziarie, Governi, a raggiungere i loro scopi. Per il bene di tutta l'umanità>>

<<Verificheremo quanto fondamento possa avere questa sua ultima affermazione.
Signor Chenli?>>

<<Assisto il signor Andress nella sua attività per quanto riguarda i rapporti con i Paesi dell'Estremo Oriente>>

<<Signor Borissovcic?>>

<<Mi occupo degli affari della nostra organizzazione con la Russia e gli Stati dell'Europa Orientale>>

<<Signor Dahansson?>>

<<Ottimizzo le relazioni con le comunità del Medio Oriente e dell'Africa>>

<<Bene, signori. Le vostre risposte sono molto caute. Perfette per una conferenza-stampa. O una intervista giornalistica.
Ma io non sono un giornalista.
Ora, uno di voi leggerà, a beneficio della registrazione in corso, il documento che avete dinnanzi .
Esso è denominato "Relazione".
Riconoscete tale documento , come sottoscritto da ciascuno di voi ?>>
Il silenzio divenne insostenibile. E così il coltello entrò di nuovo in azione. Il dolore che ne seguì lacerò l'aria e vi rimase sospeso come una invisibile spada di Damocle.
<<Si... lo riconosco...e riconosco la mia firma...>>, tutti i presenti si affrettarono a ripetere.
<<Ottima risposta. Leggerete . E poi risolverete i dubbi che vi sottoporrò. Terminata la lettura , risponderete diligentemente alle ulteriori eventuali domande utili al processo.

Senza cautele o reticenze. Ciò nel vostro interesse. Perché ,se così non fosse, oltrepasserò alcuni preliminari che in quel caso diverrebbero superflui. Per intenderci meglio, non vi asporterò solo falangi o dita.
Tutto chiaro ? Allora, signor Andress, può iniziare la lettura >>
<<Signor Smith, lei può minacciarci, può farci del male, o anche ucciderci. Ma non potrà cambiare alcunché di ciò che stà per accadere.
Io, lei, noi tutti, siamo semplici pedine. E null'altro.
Conosce il gioco degli scacchi, signor Smith ? In questo gioco, noi tutti siamo dei pezzi sacrificabili. Il nostro esistere o meno non cambierà il risultato finale>>
<<Oh, come si spiega, signor Andress, questa sua improvvisa manifestazione di umiltà ? Non è passato molto tempo da quando lei proclamava a gran voce il potere che detenete...

Legga la Relazione, signor Andress. A voce alta.>>

La sua conclamata sicurezza, ora divenne solo odio incontenibile.

<<La Relazione inizia con un titolo e con l'esposizione di una formula matematica:
PER I NOSTRI FRATELLI E PER LA SALVEZZA

Progress R $\underline{2}$ _ $\underline{4}$ _ $\underline{6}$ _ $\underline{8}$ _ $\underline{10}$ _ $\underline{12}$
Progress P 2   4   8   16   32   64
Risultante =-1,74

"Confratelli,
Su vostro incarico, il nostro dipartimento ha provveduto ad esaminare le soluzioni necessarie per il futuro.
Comprendete il risultato dell'equazione. Quel risultato decreta la fine del Mondo in cui stiamo vivendo.
Questa, la domanda a cui abbiamo cercato di rispondere : noi tutti, uomini,donne,vecchi,giovani, abbia-

mo il diritto di consentire o di accettare che la razza umana debba scomparire ? O abbiamo il dovere di impedirlo ? Molti studiosi del passato e del presente si sono resi conto che vige, per l'uomo, lo stesso percorso vitale cui sono sottoposti tutti gli altri esseri viventi : il più forte, il più capace, il più intelligente deve poter sopravvivere perché la razza umana possa progredire , migliorare , ma soprattutto continuare ad esistere.

Perché ciò accada, il più debole, il meno abile ad adattarsi, deve soccombere.

Questa è una legge della Natura. Non l'abbiamo scritta noi.

I dinosauri, animali enormi, fortissimi, sono stati i veri padroni del Mondo per milioni di anni.

Ma , di fronte a modifiche ambientali o a catastrofi naturali, non sono stati capaci di trovare nuove soluzioni ai nuovi problemi da sostenere. E sono stati costretti alla resa. Sono estinti.

Mentre animali apparentemente meno potenti, ma più abili, più intelligenti, più duttili e infine più forti, si sono sostituiti ad essi.
Lo dico con dolore, ma è necessario che questo accada anche per l'Uomo.
Gli individui più deboli, meno intelligenti , e perciò inferiori, dovranno essere sacrificati. Per salvare la razza umana dalla completa estinzione.
Tutti noi, i nostri antenati, e gli antenati dei nostri antenati, si sono interrogati su questo terribile problema.
Chi ci ha preceduto ,non lo ha saputo risolvere. O lo ha risolto solo temporaneamente.
Ora , non è più lecito attendere.
Ci affidiamo alla Legge dei Numeri. Essa non è soggetta a opinioni, emozioni , dubbi.
La Relazione matematica che avete letto all'inizio di questo documento , dà una risposta inequivocabile : la

crescita della popolazione mondiale non è sostenuta da una equivalente crescita e disponibilità delle risorse: l'aumento di queste è di due unità, mentre l'aumento della popolazione è del doppio, ad ogni ciclo di tempo esaminato.

Tra non molti anni, la razza umana, semplicemente, scomparirà per mancanza di acqua, di aria pulita, di cibo.

Razze di intelligenze inferiori, ma numericamente più vaste, temporaneamente sopraffaranno le razze migliori, perché mosse da fame e sete e miseria. Sarà solo una parentesi momentanea. Poi dovranno soccombere anche quelle popolazioni.

Ma, nel frattempo, esse avranno eliminato genti le cui tradizioni di cultura, di civiltà, di ideali morali e religiosi, hanno creato benessere, miglioramenti scientifici, scoperte della medicina, bellezze artistiche. In

altre parole , le colonne su cui si è sorretto e progredito il Mondo.
Esse riporteranno l'orologio della Storia sino al buio e alla condizione animalesca dell'età della Pietra.
Confratelli , vogliamo questo ?
A questa domanda, noi abbiamo risposto un unanime "no".
E se questa è anche la vostra risposta, dobbiamo agire.
Subito.
Prima che tutto diventi inutile "

Quelle parole rimuovevano dubbi e , nel contempo, ne sollevavano altri.
Era ancora troppo presto per capire.

<<Signor Andress, è il momento di fare una pausa>>.
Interruppi la lettura e diedi ai miei ospiti la possibilità di rifocillarsi e di riposarsi.
Dopo alcuni minuti, ripresi il confronto.

<<Signori, ho qualche interrogativo da porvi...

Questo documento che lei, signor Andress, sta leggendo, a chi è indirizzato ? Chi sono e dove sono i confratelli ai quali vi rivolgete?....

Signor Dahansson, mi risponda lei , per cortesia ...>>

<<Non ho nulla da dire. O meglio, c'è qualcosa che le posso dire : lei è il ritratto di alcuni degli esseri inferiori che vorremmo estirpare dalla faccia della Terra>>

<<Capisco, signor Dahansson...

Quindi, mi dica...Quali sono, per voi, gli esseri meritevoli di vivere ?...

Signor Dahansson, o comunque lei si chiami...lei ha dichiarato di essere nato a Tel Aviv ...

Il popolo che abita in quelle terre, e di cui, penso, anche lei fa' parte, ha subìto nel corso dei secoli molti tentativi di eliminazione, spesso perché ritenuto "razza inferiore", " popolo avido ed egoista". Ora, voi

vorreste eliminare altri popoli con medesime, o simili, giustificazioni.
Le chiedo : quali sono i criteri per stabilire che una razza merita di vivere oppure di scomparire ? >>
<<Solo i migliori meritano di vivere, signor Smith. Solo i migliori !>>
<<Una risposta ampiamente incompleta, signor Dahansson...
Mi riservo di ripeterle questa domanda più oltre...
E in quell'occasione, lei mi risponderà con maggior accuratezza. In caso contrario, può , fin d'ora, dire addio al suo braccio sinistro.
Signor Andress, la prego, prosegua la lettura>>
Mister Andress parve avere più paura di un ignoto, non contiguo pericolo, piuttosto che non del concreto,attuale pericolo rappresentato dalle mie minacce.
Tardò la sua replica qualche secondo, come a riflettere su quale fosse

l'opzione per lui meno rischiosa. Poi, finalmente proseguì.
"Confratelli, ancora una volta dobbiamo richiamarci tutti alle nostre responsabilità.
Abbiamo il potere e la lungimiranza che l'Essere Supremo, mediante la Dea Ragione, ha donato ai nostri intelletti. Vogliamo sottrarci alle necessarie, se pur dolorose, decisioni?
A questa ulteriore domanda noi , componenti di questo Consiglio Operativo, diamo qui, nuovamente, la nostra risposta : no. Senza alcun ulteriore dubbio.
Ora , la risoluzione finale spetta a voi, Confratelli della Assemblea Generale. E a lei , Sommo Presidente.
Se la vostra scelta sarà contraria alle nostre decisioni, ne prenderemo atto e abbandoneremo il Mondo al suo oscuro destino.
Se, diversamente, concorderete con il nostro parere, dovremo seguire, senza ulteriori indugi, la prassi

temporale indicata negli Addendum "A", "B","C","D", di cui siete da tempo a conoscenza.
Le soluzioni ivi previste sono severe.
Ma , pensiamo, sono scelte a cui ci dobbiamo ritenere obbligati.
Salute a voi, Confratelli "
La lettura era terminata. Ad essa, seguirono interminabili secondi di silenzio.
<<Bene, signori.... Ora, onde affrontare, con la dovuta serenità, le conclusioni riguardanti la vostra sorte, restan da chiarire alcuni aspetti.
Naturalmente, come avrete intuito, a beneficio mio, della registrazione in corso circa questo processo, e soprattutto a beneficio del vostro destino prossimo venturo, dovrete per prima cosa spiegare, a questa Corte, il contenuto di questi Addendum.
Ma ciò non basterà a salvarvi la vita.
Dovrete dirmi chi è questo vostro"Sommo Presidente"...

*A voi la parola.
Signor Andress ?>>*
*<<Gli scacchi, signor Smith. Non si dimentichi del gioco degli scacchi.
In quel gioco troverà molte delle spiegazioni che cerca...>>*
<<Bene, signor Andress, ne terrò conto...Cominciamo con l'Addendum "A". Avanti !>>
*<<Come avrà notato, purtroppo per la sua famiglia, la nostra Confraternita non può fermarsi dinanzi ad alcun ostacolo di ordine morale, pur di ottenere i suoi scopi.
Noi ,come le ho già detto , siamo stati e siamo semplici pedine.
Dal momento in cui le riveleremo il contenuto di quegli Addendum, le nostre famiglie potranno avere forse ancora trenta minuti di vita...>>*
<<Me ne rendo conto. E ciò in un certo senso mi rincuora. Credevo di essere solo io il pazzo criminale senza scrupoli. Invece, ora so' di essere in buona compagnia.

Signor Dahansson ? Signor Chenli ? Signor Borissovcic ?>>

<<Siamo tutti nella medesima, terribile situazione del signor Andress>>, rispose uno dei tre, interpretando l'ansia di tutti.

<<Bene...mi dispiace che abbiate risposto così... Perché dovete sapere che io non sono per nulla sicuro che voi siate onesti padri di famiglia, logorati dalle fatiche giornaliere per mantenere moglie e figli...

Vi dirò che nei ritagli di tempo concessi da questo processo, sono riuscito ad ottenere qualche, pur scarna, ulteriore informazione su di voi...

Signor Borissovcic... lei è scapolo. Non ha più i genitori. Non ha fratelli né sorelle....

Lei morirà per primo, signor Borissovcic. E morirà molto male.

Le assicuro che, prima di morire, mi chiederà cento volte di ucciderla.

Ma questo non accadrà, signor Borissovcic.
Io la terrò in vita, signor Borissovcic.
Per giorni, per settimane, se dovesse essere necessario...>>
Il coltello iniziò il suo lavoro di routine.
Dopo inutili urla che, cupamente, la stanza replicava mille volte, il signor Borissovcic perse i sensi.
Lo risvegliai.
<<La prego, signor Borissovcic...Non ci lasci così presto...Le sue ferite non sono in fin dei conti così gravi....
Le ripeto la domanda: cosa contengono gli Addendum "A","B","C","D" ? >>
E il signor Borissovcic, inevitabilmente, si dovette adeguare alla situazione.
Non dissimulando il suo odio irrefrenabile.
<<Lei è veramente un pazzo....ma la pagherà cara...

L'Addendum "A" suggerisce istruzioni operative per provocare e indirizzare conflitti di piccola e media portata.

L'Addendum "B" spiega come introdurre virus letali nelle zone del Mondo ritenute idonee.

L'Addendum "C" dà disposizioni per come e quando eseguire assassini politici, alimentare ed espandere focolai di terrorismo e di ribellioni, con giustificazioni varie, su scala locale e continentale.

L'Addendum "D" indica come provocare carestie in certe regioni ritenute strategiche, oppure alluvioni; ciò allo scopo di fomentare e stimolare migrazioni di interi popoli...>>

<<La ringrazio, signor Borissovcic..

Lei è stato di grande aiuto a questa Corte.

E questa Corte ne terrà conto>>

Ritenni fosse venuto il momento di una pausa. Dovevo far riposare gli imputati e curarne le ferite.
Prima che il processo fosse terminato, dovevano essere in grado di sopportare ferite molto più gravi.

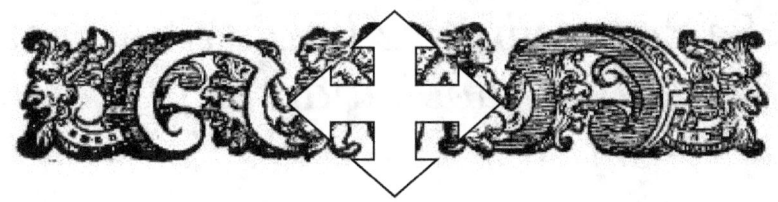

"*Bene, signori...il quadro generale sta' assumendo dettagli un po' più chiari...*
Ma voglio essere sincero con voi...
Non sono convinto che tutta questa vostra articolata e complessa operazione nasca dal desiderio di salvare l'Umanità.
La faccenda mi desta grandi perplessità...
Signor Andress...ha qualcosa da aggiungere?>>

<<Se vuole vincere la partita , signor Smith, deve avvicinarsi al Re...non accanirsi con inutili pedoni...>>

<<Le è un amante degli scacchi..ne prendo atto. Ma non mi basta...

Signor Chenli..Non la abbiamo ancora sentita intervenire in questo interessante dibattito..

Lei è un tipo taciturno, introverso. Non esterna facilmente le sue emozioni. Cosa che , del resto, è caratteristica del suo popolo.

Ora le porrò una domanda molto semplice, la cui risposta non necessita di particolari enfasi, né di eccessivo dispendio di emozioni.

Chi è il vostro "Sommo Presidente " ?

A lei la parola , signor Chenli>>

Il signor Chenli non modificò la sua enigmatica espressione facciale.

La cambiò solo immediatamente dopo che il coltello fece il suo spiacevole lavoro.

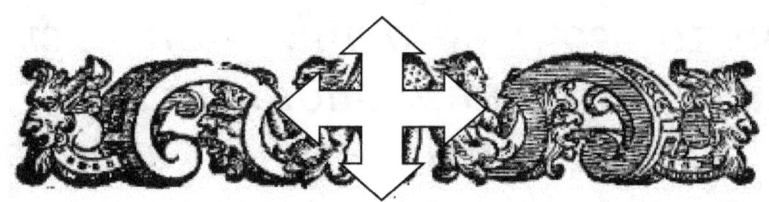

Seestrasse, Zurich, Suisse.

L'edificio era sobrio, modesto. Evidentemente, per coloro che lo detenevano, non era ritenuto necessario che esso esprimesse potere e vanità.

Quella era gente cui non interessava "apparire" o mettersi sotto i riflettori e i flash dei fotografi.

Avevo inutilmente cercato informazioni : della "General Enterprises & Finances S.A", questo il nome del mostro finanziario con cui avrei

dovuto confrontarmi, non c'erano tracce. Non una quotazione in una qualunque Borsa Valori del mondo. Non un bilancio pubblico. Non informazioni giornalistiche.
Ma ciò di cui, dopo qualche utile sollecito, mi aveva reso partecipe mister Chenli, parlava diversamente.
Quella società era il vertice di una piramide finanziaria che comprendeva partecipazioni in banche, società farmaceutiche, industrie che producevano armi, strumenti elettronici, e poi in compagnie petrolifere, minerarie e dell'energia, società di costruzioni, multinazionali dell'alimentazione e dell'agricoltura, nonché monopòli del giornalismo e della televisione.
Era tutto il potere del Mondo. E a quella sontuosa tavola imbandita, mangiavano tutti.
Il signor Zigmund Zand era un uomo minuto; portava occhiali da vista, ed era di una età non definibile.

Lo si sarebbe detto un umile burocrate, schivo e riservato.
Mister Chenli me ne aveva descritto adeguatamente le caratteristiche.
Ma non era quel tipo di persona.
In questa faccenda, nessuno era quello pareva essere.
In una ipotetica partita a scacchi, lui era il "Re".

Come da prassi, mi ero appostato in una posizione defilata, ma da cui potevo osservare senza essere osservato.
L'edificio era munito di un grosso cancello di accesso.
Avevo con me una potente telecamera a raggi infrarossi, che attivai all'arrivo di tre potenti veicoli, probabilmente corazzati.
Il suo penetrante sguardo elettronico penetrò con invadenza l'interno, nonostante i vetri anneriti : mister Zigmund Zand era arrivato sul luogo di lavoro. Ma quale era il suo lavoro ?

Glielo avrei chiesto fra non molto tempo.
Dovevo essere ancora più prudente del solito. La presenza di due auto di scorta , con equipaggio ben armato, significava pericolo e guai a non finire.
Il velo blu che il cielo rapidamente indossò, mi avvertì che la giornata lavorativa stava per terminare.
Non avrei seguito le auto: troppo rischioso.
Avrei atteso il corteo al primo incrocio, e avrei preso nota della direzione da loro intrapresa.
Il giorno seguente, sempre ben mimetizzato, li avrei aspettati all'incrocio successivo.
E così ogni giorno, sino alla loro destinazione finale : la dolce casetta dello stimato signor Zigmund Zand.

Dopo cinque giorni di appostamenti, finalmente il convoglio mi chiarì dove

l'uomo trascorreva la sua vita non lavorativa.
Una bella casa. Naturalmente circondata da un alto muro.
L'autista, probabilmente avvolto in un capace giubbotto antiproiettile, fermò la vettura e scese, guardandosi attorno con sospetto.
Compose un numero al citofono, e il cancello, come spinto da una magica forza, si spalancò.
Il mio inseguimento era terminato.

Presi alloggio in un piccolo appartamento poco lontano.

La mattina seguente, il signor Zigmund e il suo funereo corteo di nere automobili, uscirono.

Trascorsero due ore; poi il cancello si aprì di nuovo.
La mia telecamera colse l'immagine di una bella, felice famigliola. Una giovane donna con tre bambini,

accompagnata da due guardie ben armate.
Sapevo cosa avrei dovuto fare.

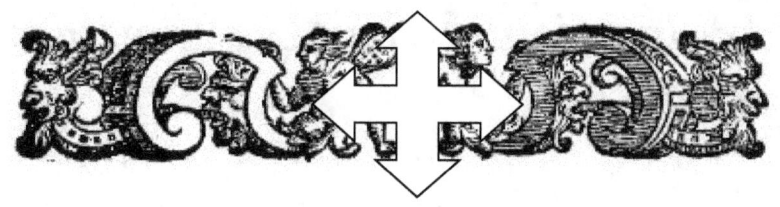

Dopo l'interruzione dovuta al mio viaggio in Svizzera, il processo da me allestito proseguì.
Avevo lasciato ai miei imputati il tempo di riposare. E di riflettere.
<<Signor Dahansson, come stà ?...
Spero si senta in forma, lucido e consapevole. Perché oggi vorrò da lei risposte altrettanto consapevoli.
Riprendiamo il discorso interrotto giorni or sono...Come distinguere,

secondo lei, una razza superiore da una inferiore ?>>

<<Signor Smith, ha presente la Bibbia ? Si legga qualche pagina di quel sacro Libro...troverà le risposte che cerca...>>

<<Quindi, devo intuire che lei , e il popolo di cui fa' parte, vi considerate "razza superiore", in quanto "Popolo Eletto ", scelto da Dio...>>

<<Lei ha compreso, signor Smith>>

<<Mi perdoni,signor Dahansson..non ne so' molto di ideali religiosi o morali...Per quel poco che conosco di Dio, non mi risulterebbe che Lui abbia dato istruzioni di sparare su ragazzi disarmati, o di scacciare popolazioni dalle loro terre, per far posto ai vostri coloni...>>

<<Loro ci odiano, signor Smith...Se potessero, ci spazzerebbero via dalla faccia della Terra...Come ha tentato di fare Hitler, e come , prima di Hitler, avrebbero voluto altri , nel corso dei secoli passati!

Abbiamo o non abbiamo il diritto di difenderci ? Quelli sono solo dei terroristi ! Si legga il Libro dell'Esodo: "occhio per occhio, dente per dente".. >>
<<Ha ragione , signor Dahansson. Sono dei malvagi terroristi...
Mi permetta una domanda...
Come mai, questi malvagi terroristi hanno colpito , in quasi tutte le capitali europee, persone di tutte le razze, compresi alcuni musulmani, e poi hanno invaso, depredato e distrutto molte regioni in Medio Oriente, come Siria, Iraq, Iran, ma non hanno mai ucciso qualcuno del suo popolo ?>>
Mister Dahnsson tacque. Forse non sapeva, o forse non voleva rispondere. Attesi qualche secondo.
<<Signor Dahansson, la mia pazienza ha un limite ! Risponda alla domanda !>>
<<Lei si sbaglia...non so' di cosa stia parlando ...>>

Il coltello dovette fare il suo sporco, doloroso, lavoro.
Sopraffatto dalla sofferenza, mister Dahansson chinò il capo sulla tavola.
<<Signor Smith, lei un giorno si augurerà di non essere mai nato...>>
<<Risponda alla domanda, signor Dahansson...>>
<<Non so' rispondere..Glielo abbiamo già detto...il nostro scopo è di salvare la razza umana dalla fine... e di salvare gli uomini e le donne migliori della razza umana dall'odio animalesco delle razze inferiori...
Noi ci siamo limitati a dettare alla nostra Assemblea Generale alcune indicazioni strategiche.Non sappiamo se, come, dove, o quando quelle indicazioni siano state o siano utilizzate ...Non siamo noi a prendere le decisioni finali ed operative...Perciò non le so' dire se quei terroristi abbiano agito dietro nostri impulsi o meno..

Come le ha detto il signor Andress, è il "Re" che deve rispondere alle domande che lei ci pone...>>

<<Capisco, signor Dahansson. Voi siete semplici pedine..Voi non avete né colpe né responsabilità...Siete totalmente innocenti...>>

<<E' così , signor Smith...>>

<<Le ricordo una banale norma di diritto penale, signor Dahansson...
Chi è complice di un assassino, è colpevole quanto l'assassino>>

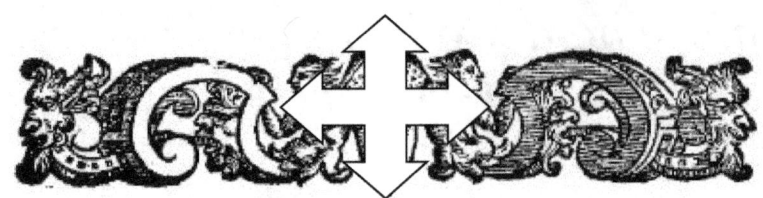

Regione di Baden, Svizzera.

Per dare scacco al cosiddetto "Re", dovevo dare scacco alla "Regina". Solo così il Re sarebbe uscito allo "scoperto" e reso più debole nelle sue difese.

Sono, ed ero, un pazzo criminale; malgrado ciò, quella mia scelta mi risultava ugualmente ripugnante. Cercai inutilmente soluzioni diverse. Infine dovetti convincermi che non vi erano altre vie praticabili.

Il piccolo convoglio percorreva giornalmente quella strada. A bordo delle due auto, c'erano la moglie e i tre figli dello stimato signor Zigmund Zand, diretti nella vicina città.

Con loro, due guardie ben armate, ciascuna alla guida delle vetture.

Nonostante le loro dotazioni, nulla avrebbero potuto contro l'arma che stavo impugnando in quel momento.

Ero in posizione , al termine di una piccola salita. Le due auto avrebbero dovuto rallentare, prima di affrontare una curva.

Il mirino telescopico del mio potente fucile inquadrò l'autista della prima auto.

Un decimo di secondo più tardi, il proiettile ad alto potenziale sbriciolò il vetro corazzato. L'impatto quasi polverizzò la testa dell'uomo, l'auto priva di guida sbandò e terminò la sua corsa contro un muretto di protezione.

Il secondo colpo seguì dopo pochi istanti e centrò in pieno l'altro autista.
Ambedue non ebbero il tempo di pensare a ciò che stava loro accadendo.

Scesi velocemente dalla mia postazione.
I tre bambini e la loro mamma erano paralizzati dallo spavento.
Con la pistola in pugno urlai loro di seguirmi.
Avevo parcheggiato , nei pressi , un vecchio furgone.
Li spinsi nel retro , sbarrando la portiera, e partii al massimo della velocità.
Sentivo i bambini piangere e urlare, mentre la mamma inutilmente cercava di calmarli.
Non avevo tempo da perdere in chiacchiere.

Qualche chilometro e poi sostai in uno spiazzo deserto , nascosto rispetto alla strada.

In quel luogo, avevo lasciato un nuovo furgone. Vi caricai a forza i passeggeri e ripartii.

Immaginai che nel frattempo era stato dato l'allarme, ma contavo sulla rapidità di tutta l'operazione : prima di stabilire posti di blocco sarebbe occorso del tempo.

Ancora una ventina di chilometri, e poi cambiai nuovamente mezzo di trasporto. In questo caso si trattava di un veloce e robusto fuori-strada. I vetri anneriti impedivano la vista dell'interno, che avevo reso insonorizzato. Quand'anche qualche testimone avesse assistito alla scena dell'assalto e della fuga, avrebbe descritto un furgone, non un fuori-strada.

Dopo un ulteriore tratto di sentiero sterrato, arrivai ad una piccola casa in legno, posta su un alpeggio solitario.

Feci scendere i terrorizzati passeggeri . All'interno , dopo averli assicurati ad alcune sedie, offrii da bere e da mangiare. Ora potevo spendere qualche parola con loro.

<<Signora Zand, mi dispiace per quanto è accaduto. Le posso solo dire che , se tutto andrà come penso, ritornerete presto a casa vostra sani e salvi....Cosa che , per colpa di suo marito, non è accaduta ai miei familiari>>

<<Lei è solo un bugiardo... un animale...Mio marito è un uomo buono, uno stimato professionista che distribuisce parte dei suoi guadagni a coloro che ne hanno più bisogno !>>

Estrassi alcune fotografie dalla tasca. Erano immagini orrende anche per me, ma la signora doveva sapere.

<<Signora....questo è ciò che è rimasto di mia madre, di mio padre e dei miei fratelli...suo marito è complice consapevole, se non mandante, di chi ha fatto questo>>

La donna non resse alla vista, e urlò e pianse senza ritegno.

Attesi che si calmasse. Poi le porsi dell'acqua.

<<Ancora le dico che mi dispiace creare dolore a lei e ai suoi bambini. Non cerco vendetta...Ma il Mondo deve sapere !>>

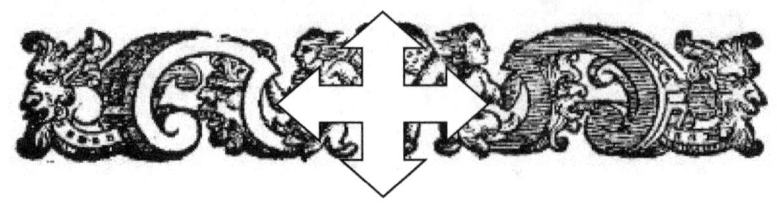

"General Enterprises & Finances, buongiorno ...Come posso esserle utile ?>>
La telefonista si espresse con le parole abitualmente in uso in queste circostanze.
<<Buongiorno,signorina... desidererei parlare con il signor Zand>>
<<Il signor Zand attualmente è molto occupato e non mi è consentito disturbarlo... può dirmi il motivo

della sua chiamata ? Appena possibile riferirò...>>
<<Dica al signor Zand che ho notizie della sua famiglia... attendo in linea>>
La segretaria non osò replicare.
Dopo attimi di attesa,la voce di un uomo affranto e tremante si affacciò all'altro capo del telefono.
<<Mi dica quanto vuole...non avrò alcun problema ad accontentarla>>
<<Lei crede ? Lo spero...Mi ascolti bene, perché ciò che sto' per dirle non lo ripeterò...Nella parte meridionale di Zurigo , non distante dal lago, c' è un locale dotato di Internet Point.
Ci vada. Da solo.
Occupi la postazione numero uno.
Accenda il computer . E rimanga in attesa.>>
Chiusi la comunicazione, prima che qualcuno potesse individuare da dove chiamavo.

Dal mio alloggio, potevo osservare con il binocolo l'accesso a quel locale.
Trascorsero pochi minuti.
Mister Zand scese dall'auto trafelato ed entrò correndo.
Pensai che, forse, in quel momento, si stava rendendo conto quanto fosse strana la vita e l'alterna fortuna del Destino umano : tutto il potere di cui disponeva soltanto poche ore prima, era diventato niente di più di un pugno di mosche.
Ora era nelle mani di un nemico sconosciuto.

Vidi che il collegamento era stato attivato. Dovevo far presto. Ero sicuro che qualcuno, per conto del signor Zand, stava cercando la fonte della chiamata.
Pochi minuti , e la mia postazione sarebbe stata individuata e compromessa.

I due computers erano muniti di telecamera : lui poteva vedere me, e io potevo vedere lui.

<<Le è solo un piccolo delinquente... non riuscirà a cavarsela , quali che siano i suoi obiettivi ! >>

<<Signor Zand, né io né la sua famiglia abbiamo il tempo di ascoltare i suoi inutili insulti...

Queste sono istruzioni non negoziabili, ovviamente dando per inteso che lei abbia interesse a rivedere tutti interi i suoi figli e sua moglie. I quali, per inciso, godono al momento ottima salute. Ma ancora per poco , se lei sarà così stupido da tentare di catturarmi.

Interrompa, ripeto, interrompa immediatamente qualsiasi ricerca elettronica verso la fonte di questo colloquio. Mentre provvederà a dare queste disposizioni, osservi bene questa fotografia...>>

Gli mostrai qualcosa che non avrebbe mai voluto vedere : moglie e figli in posizione eretta, e, ai loro piedi, alcune casse di evidente origine militare.

<<Riconosce gli involucri vicini ai suoi cari, signor Zand ? Forse ha la memoria corta ? Gliela rinfresco...

Si tratta di un particolare tipo di esplosivo incendiario. Lo definirei estremamente efficace . E' prodotto da una azienda di cui la "General Enterprises & Finances S.A." è la principale azionista.

Legato al mio polso, ho un dispositivo elettronico molto preciso e potente, i cui impulsi viaggiano su una lunghezza d'onda di difficile rilevazione. Premendone il pulsante, temo che , poi, dei suoi cari avrebbe difficoltà a rintracciare la polvere carbonizzata, non qualche parte del loro corpo più o meno riconoscibile.

Ora , e subito, esegua quanto le ho chiesto !>>

Vidi l'uomo afferrarsi al suo telefonino, preda di una fretta convulsa.
Poche sue parole bastarono.
<<Ho fatto quanto mi ha chiesto...>>
<<Bene...vede quanto è facile andare d'accordo con me ?
Ora, mi stia bene a sentire !
A partite da questo momento , i suoi cari hanno ancora 45 minuti di vita.
Le confesso un mio difetto : sono un tipo molto diffidente. Per cui ho predisposto una piccola soluzione di riserva.
Mentre era in corso il nostro amabile colloquio, ho attivato un timer...Lei sa' cos'è un timer , vero ?
Al termine dei suddetti 45 minuti il luogo ameno dove attualmente risiedono i suoi familiari, sarà raso al suolo, grazie alla serie di potenti mine che ho disposto all'interno e all'esterno di esso.
Il tutto è evitabile solamente grazie la mia presenza sul posto.

Per cui, concludendo, lei ha a disposizione 30 minuti per rispondere ad alcune domande.
Ancora una volta, la sconsiglio di tentare soluzioni estreme.
Anche ammesso che riusciste a catturarmi, non avrete il tempo di impedirmi di far esplodere le bombe incendiarie o di portarmi sul posto per disattivare il congegno a tempo.
Quindi non indugiamo oltre.
E' inutile sottolineare che se alle domande che le porrò , lei replicherà con risposte evasive, ambigue o che ritenessi bugiarde, userò subito il pulsante del telecomando di cui parlavo poco fa...>>
A beneficio della registrazione del colloquio, cui stavo dando corso, volli pronunciare alcune frasi che dessero un tono di formale validità giuridica a quanto stava accadendo:
<<Udienza del processo contro la confraternita denominata "The Society", contro i suoi dirigenti

responsabili, contro tutte le organizzazioni ad essa collegate, contro la "General Enterprise & Finances S.A."

Di sua spontanea volontà, il signor Zigmund Zand, ha deciso di offrire la sua testimonianza.

Signor Zand, descriva la sua attività>>

<<Sono Presidente e Amministratore delegato di "General Entreprises & Finances S.A.">>

<<Descriva l'oggetto sociale della sua azienda>>

<<Acquisiamo partecipazioni azionarie in imprese che vengono ritenute strategiche e strumentali agli obiettivi che ci proponiamo di ottenere. Inoltre, finanziamo investimenti in infrastrutture, giacimenti petroliferi, miniere>>

<<Mi risulta che lei sia anche la massima autorità di una associazione segreta, chiamata " The Society">>

<<Le nostre leggi consentono la libera associazione tra persone >>
<<Signor Zand, lei non sta' partecipando ad un convegno, né sta' conversando in un dibattito televisivo.
Ora voglio una risposta! Non delle banalità preconfezionate !
Quali sono i veri obiettivi delle due istituzioni di cui lei è parte ?>>
<<Come le ho detto, la "General Enterprises & Finances " ha come obiettivo investire denaro dove riteniamo possano provenire guadagni potenziali. La confraternita "The Society" ha lo scopo di aiutare i propri aderenti >>
<<Signor Zand , lei non mi conosce.
Così voglio giustificare questo suo ingenuo tentativo di fuorviare e dissimulare la verità.
Bene. Ora ha provato senza successo ad ingannarmi. Ma le assicuro che è e sarà l'unica possibilità che le ho concesso. Non accadrà più.

Le ricordo, qualora lo avesse dimenticato ,che il tempo scorre, e che il pulsante dello strumento elettronico di cui le ho parlato poc'anzi è terribilmente vicino al mio dito.
Ora voglio la verità ! >>
Gli occhi di mister Zand non riuscivano a occultare l'odio smisurato che premeva dentro di lui, ma anche il terrore per quello che sarebbe potuto accadere.
Era evidente la lotta interiore che le sue due anime stavano combattendo : l'animo oscuro del potere che rappresentava, contro l'animo del padre e del marito. La clessidra della vita dei suoi figli e di sua moglie stava, inesorabile, scandendo i secondi.
Infine, quella lotta ebbe termine.
Con voce flebile, rispose.
<<Signor Smith...mi uccideranno per ciò che sto' per dire....Ma la vita dei miei figli è più importante....

Forse, qualcuno le ha già dato dei brandelli di risposte. Per quanto posso immaginare, ritengo che lei abbia interrogato alcuni miei collaboratori. I quali, se ben conosco, penso le abbiano rivelato verità parziali , utili per dare una parvenza di giustificazione etica ai nostri comportamenti e alle nostre decisioni.
Le due istituzioni che lei ha citato, e di cui io coordino le attività, non hanno lo scopo di salvare la migliore parte della razza umana, né vogliono salvare culture, arte, tradizioni, storia.
Vogliono solo potere e soldi.
Questa è la verità>>
<<Bene, signor Zand...Vede come è stato semplice ? Si è liberato di un peso che aveva sulla coscienza. Mi dovrebbe ringraziare...
Ma proseguiamo. Lei ha fornito una affermazione importante. Ora le chiedo: quali sono le strategie

operative che le due istituzioni di cui lei è partecipe, adottano , o adotteranno per ottenere , come lei ha detto , più "soldi e potere "? >>

Lunghi istanti di silenzio seguirono queste mie parole . Potevo intuire che ciò che stava per dirmi il signor Zand era una verità spaventosa, e ,per questo, faticosamente ammissibile.

<<I confratelli che mi hanno eletto loro rappresentante, sono i padroni del Mondo, signor Smith.

Lei è un uomo intelligente Può comprendere che essi, in quanto tali, abbiano una visione della vita che prescinde dalle considerazioni che potrebbe fare un comune individuo.

In altre parole, i sentimenti umani normalmente apprezzati non hanno alcun valore a quel livello di potere.>>

<<Mi illustri situazioni in cui avete esercitato vostri interventi>>

Il signor Zand espirò profondamente, come a sollevare grossi macigni dalla sua anima.

<<Paesi del Medio Oriente finanziano non ufficialmente gruppi terroristici. L'obiettivo è cancellare o smembrare dalla carta geografica altre nazioni, più fragili.

Lo scopo finale è la spartizione di territori, di ricchezze petrolifere, di spazi ritenuti vitali per dislocare nuovi agglomerati urbani...

Potenze dell'estremo oriente e dell'Occidente creano condizioni per attivare conflitti locali in Africa. Le grandi aziende , produttrici di armi, prosperano. I risultati sono frequenti stragi, distruzioni, migrazioni di disperati.

Le conseguenze sono importanti : l'indebolimento della Unione Europea, vale a dire un concorrente molto importante nello scacchiere economico mondiale,divisa sull'accoglimento degli stessi. E il trasferimen-

to verso quel continente di popolazioni ritenute litigiose, pigre, poco efficienti rispetto al livello di capacità lavorativa che si stima necessario.

Esse saranno sostituite, nel tempo, con altre , più attive. Già oggi , in alcuni Stati africani, sono state costruite moderne città, al momento praticamente disabitate, in grado di accogliere migliaia di operai.

Già oggi, quelle Potenze straniere posseggono circa il 15/20% delle aziende industriali africane. Queste strategie permetteranno di sfruttare zone ricche di minerali preziosi, nonché terre fertili , con acqua potabile abbondante e perciò in grado di produrre cibo più di quanto non stiano facendo ora. Occorre considerare che i due più popolati Paesi del Mondo tra non molto arriveranno a circa 1,5 miliardi di abitanti ciascuno. Devono trovare fonti di cibo, di acqua , di energia per alimentare il loro progresso sociale ed economico...

Non ho prove di quello che sto' per dirle, ma informazioni indicano che regioni potrebbero essere contaminate da agenti patogeni prima sconosciuti e portatori di malattie micidiali.

Le conseguenze, oltre a quanto sopra, sono grandi profitti per società farmaceutiche dell'emisfero occidentale, chiamate a rispondere a queste emergenze.

Tutto quanto sopra, con il compiacente plauso di crudeli dittatori, ben pagati ed eletti allo scopo di consentire tutte le azioni previste dai nostri piani.

Altre informazioni suggeriscono interventi sul clima, così da creare siccità e carestie dove giudicato utile e conveniente. La penuria di cibo fa' aumentare i prezzi di prodotti agricoli basilari.

Così ,le multinazionali del settore ne traggono i coerenti benefici.
Inoltre, la diminuzione o gli spostamenti di popolazioni da quelle zone, divenute inabitabili, libera lo sfruttamento minerario di terreni prima adibiti ad uso agricolo o ad allevamento....
Tutto questo è elaborato in costante, segreta collaborazione tra Governi, Banche, grandi gruppi economici aderenti alla nostra Confraternita oppure legati tra loro da rapporti di partecipazioni azionarie.
Il Mondo ricco vuole continuare ad essere ricco. E queste strategie sono le strade meno complicate per ottenere quell'obiettivo.
E' la storia della evoluzione naturale, signor Smith. Una verità molto banale, in realtà : il più forte vince sul più debole. Una teoria enunciata da un grande pensatore del '700, Thomas Malthus, dice : "Si lasci senza assistenza chi è debole. Solo gli

individui più forti devono sopravvivere, per far progredire la specie"...Questo vale per gli esseri umani come per le imprese finanziarie e industriali. E come per gli Stati.

Ogni elemento ,in natura, è alla costante ricerca di un equilibrio stabile, signor Smith. E, al momento, nulla, nel nostro Mondo, è in equilibrio stabile.

Osservi i comportamenti di molti giovani : non sanno cosa cercare , né dove cercare. Disorientati da falsi ideali ,infine trovano solo droga, alcool, e poi il totale vuoto della loro vita, che concludono spesso con una morte molto prematura .

Osservi i comportamenti di uomini e donne più adulti : adorano campioni dello sport, attori, cantanti , quasi che fossero Dei in grado di dare loro delle vie da seguire per raggiungere la felicità. Ciò che questi personaggi insignificanti, ma soprattutto molto ipocriti, non potranno mai dare.

Osservi la Natura : esasperazioni di fenomeni atmosferici mai viste prima, ondate di calore devastanti.

Un universale , tragico disequilibrio, signor Smith.

La nostra Confraternita non fa' altro che ricercare l'equilibrio naturale delle cose , utilizzando i soldi e il potere. Per avere più soldi e più potere.

Una relazione molto semplice, signor Smith. >>

Un lungo sospiro concluse le sue parole. Sapeva di aver oltrepassato un confine dal quale non sarebbe potuto tornare indietro.

<<Rilevo una venatura di sarcasmo, nelle sue parole, signor Zand. Ciò mi fa intuire che lei non condivide pienamente questa dottrina… Lei è un uomo coraggioso , signor Zand… Da adesso, ha nemici potenti. Molto più potenti di me.

Le domando un altro atto di coraggio.
Ritengo lei abbia le conoscenze, l'esperienza, e le capacità di dare, a questi immani problemi dell'Uomo, risposte diverse rispetto a quelle che l'arroganza dei suoi confratelli, o padroni, impongono, hanno imposto o vorrebbero imporre. Le chiedo: esistono soluzioni migliori rispetto alle ignobili conseguenze della fredda relazione che ha ora citato?>>

<<Ho servito i Potenti del Mondo, signor Smith. Ho creduto in ciò che mi raccontavano : essi sarebbe stati costretti a utilizzare mezzi cattivi per ottenere fini buoni, procurando in questo modo, per tutti noi, una vita migliore.

Mi sono reso conto da tempo che non sarebbe stato così. Ma non ho avuto la coerenza morale né il coraggio per rifiutare ciò che dovevo rifiutare.

Lei vuole soluzioni ? Eccole : un governo mondiale veramente demo-

cratico , che decida grazie alla volontà di tutti i Paesi del Mondo. Non l'attuale governo mondiale, segreto e nascosto dietro apparati politici e finanziari corrotti e collusi che fungono da schermi.

Vorrei una Istituzione che sia in grado di sanzionare e punire gli Stati colpevoli e le loro strutture governative. Vorrei una Istituzione che sia dotata di un esercito armato, capace , rapidamente, di reprimere , isolare e combattere quelle Nazioni o quei popoli che vogliono sopraffare altre Nazioni più deboli.

So' cosa stà per dirmi: "quell'organismo esiste già". Si chiama Organizzazione delle Nazioni Unite. Ma lei sa' che quella istituzione è volutamente resa inoffensiva e incapace di agire. Non ha un esercito armato, le sanzioni che teoricamente potrebbe sentenziare devono passare attraverso l'approvazione delle grandi Potenze mondiali, i cui governi agiscono solo in funzione dei loro specifici interessi o degli interessi dei vari imperi finanziari ed economici a cui devono rispondere e da cui dipendono.

Questa nuova O.N.U. dovrebbe avere il potere di porre dei limiti all'arroganza delle multinazionali e delle Banche più grandi.

Potrebbe creare mercati paralleli dove ogni popolo della Terra possa vendere i propri prodotti, e così ottenendone un reddito sufficiente per vivere dignitosamente.

Immagino lei sappia che vi sono delle Corporations con fatturati , e utili, più grandi del Prodotto Interno Lordo di molti Stati. Quali difese potrebbero avere questi Stati contro un simile potere economico, in grado di comprare tutto e tutti ?>>

<<Bene , signor Zand...una risposta interessante...Le sollevo un dubbio...

Così facendo , non si nuocerebbe al libero mercato , al libero commercio ed alla libera concorrenza ?>>

<<Di quale libero mercato stiamo parlando, signor Smith ? Alla corrotta burocrazia comunista si è sostituita un'altra corrotta burocrazia. Alla quale è di moda dare il nome di "elite finanziaria ed economica ". Ma è solo e soltanto un mostruoso apparato di pseudo-intelligenze al servizio dei potenti di turno, esattamente come lo era l'altra.

In questo fantomatico "libero mercato", non prevale il migliore, ma solo il più scaltro,il più disonesto, il più corrotto e quello più capace di corrompere, quello che ha minori scrupoli morali.

Molti sono stati i casi di aziende che pur realizzando prodotti qualitativamente peggiori , prevalgono su altre ,migliori di loro, perché ad esempio sfruttano operai pagando salari più bassi degli altri, oppure perché evadono le tasse, o anche perché ricevono aiuti dagli apparati statali, o infine perché sostenute da Banche compiacenti che scaricano i rischi sui loro depositanti.

Molti sono i casi di Società che, attraverso strategie di vario tipo, provocano il fallimento, oppure costringono alla vendita e alla chiusura aziende migliori, loro concorrenti.

La fiaba della "libera competizione" nel "libero mercato", che favorirebbe il consumatore riducendo i prezzi ? E' sufficiente che le grandi Imprese stipulino un accordo, naturalmente segreto, sui prezzi da praticare all'utente finale. Il quale continuerà a subire, senza alcun vantaggio.

Nella cosiddetta "libera competizione", equiparando la cosa ad una ipotetica corsa dei 100 metri piani, gli enormi Monopoli finanziari ed economici, oggi esistenti, partirebbero con 50 metri di vantaggio. E' questo il "libero mercato".>>

<<Bene, signor Zand. Esaminiamo ora un altro fattore, che, per quel che ho potuto appurare, è fondamentale negli obiettivi della Confraternita alla quale lei aderisce : come sopravvivere al sovraffollamento del Pianeta? >>

<<L'Umanità vive sul 15% della superficie terrestre. E la sua metà vive in enormi, malsane metropoli, dove miseria e criminalità sono padrone. Esse occupano appena il 5% della superficie calpestabile. La mi Confraternita ,ed io per primo, eravamo nell'errore : bastano questi dati per capire che il sovraffollamento è un non-problema.

Il mare occupa il 70% della superficie del Pianeta. Del restante 30%, la metà è occupata da deserti, tundre,montagne, ghiacci.

Come le ho detto, quindi l'Uomo ne abita il 15%.

Investiamo inutili miliardi per cercare e rendere abitabili, terre su Marte, Venere, Luna, pianeti extra-solari. Che non verranno mai trovate e colonizzate, se non fra migliaia di anni.
Perché tutto questo ? Per il progresso? No, signor Smith. Per i soldi, e per il potere.
Sarebbe sufficiente investire quei miliardi per rendere abitabili il Sahara (sotto il quale ci sono enormi riserve d'acqua), la Siberia, le distese ghiacciate della Groenlandia o del Canada, i deserti australiani.
Si creerebbero luoghi bellissimi, dove i popoli potrebbero vivere serenamente, e ciò anche a fronte di un raddoppio della popolazione mondiale. Si concederebbe a quei popoli la libertà di non essere costretti ad emigrare. E quindi la libertà , a coloro che oggi li accolgono sobbarcandosene l'onere , di non

essere posti nel dilemma se accettarli o meno.
Ma tutto questo non si farà, signor Smith. Perché i miei Padroni non lo vogliono. Non guadagnerebbero abbastanza.
Soldi e potere. Non lo dimentichi, signor Smith>>
<<Bene ,signor Zand. Ciò che mi ha detto è sufficiente, almeno per me. E la ringrazio per questo. Per concludere , vuol dire qualche ultima parola? >>
<<Le dirò un solo verbo, signor Smith. Una parola dimenticata e rintanata in qualche angolo nascosto del nostro lessico di uomini moderni e votati al cosiddetto "progresso" : accontentiamoci.
Accontentarsi non vuol dire evitare di migliorarsi . Vuol dire evitare di cercare la felicità dove essa non è. Vuol dire non rovinare la propria vita impazzendo per un po' di carriera. Vuol dire non acquistare un

nuovo telefonino ogni sei mesi. Vuol dire non adorare falsi e ipocriti Dei, quali sono gli attori, i cantanti, gli sportivi famosi .Vuol dire non inseguirla con droghe e alcool. Vuol dire non perseguire comportamenti folli, pur di vedere il proprio viso pubblicato e osservato caritatevolmente da qualcuno su un social network, dandoci l'illusione di aver raggiunto la gloria. Vuol dire non ambire al superfluo, e rendere esso disponibile per coloro che non hanno né il superfluo né il necessario.

Ne abbiamo la conferma dal fatto che i pochi che raggiungono il cosiddetto "successo", non sono affatto soddisfatti né felici ,e vogliono andare "oltre". E quale è il traguardo finale di questo "oltre"?Una vita infelice. Affidandoci, senza senso critico, a questi desideri, saremo solo schiavi. E di questa schiavitù ne trarranno giovamento solo i miei Padroni, i Potenti del Mondo,

gentaglia che vive e si nutre esclusivamente di soldi e potere. Ma anche per loro si tratta di temporaneo e molto effimero appagamento. Perché anche per loro, da qualche parte c'è scritta la parola "Fine".
Qualcuno ha detto che si ha più felicità nel dare che nell'avere.
Ed è vero , signor Smith>>.
Quelle parole, per istanti, fluttuarono nell'aria, solenni e vigorose, come in attesa di essere assorbite dall'animo.
<<Signor Zand, lei ha dimostrato a sè stesso , più che a me che sono indegno di giudicare, di essere persona onorevole.
Ma lei ha un debito con l'Umanità.
Ritegno debba redimere le sue colpe e,insieme a questo, debba tentare di salvare il futuro del Mondo.
Entro le prossime 24 ore lei si presenterà spontaneamente davanti alla Corte Internazionale di Giustizia dell'Aja, alla quale io, nel frattempo ,

invierò copia di questa conversazione.

Denuncerà i suoi Confratelli coinvolti in questa congiura mondiale. Citerà i nomi delle persone, le intestazioni societarie e i principali azionisti delle stesse. Descriverà le azioni che avete intrapreso in passato e che intendevate provocare in futuro. Testimonierà su tutti i fatti a sua conoscenza, e sugli ideali ai quali vi siete ispirati. Indicherà le responsabilità dei suoi collaboratori, in particolare quelle dei signori Andrea Andress, Bogdan Borissovcic, Cheng Chenli, David Dahansson ,i quali sono ospitati in uno luogo segreto , in attesa, spero, di essere trasferiti dietro le sbarre .

E di tutto questo, ne darà annuncio alle principali televisioni del Mondo.

Nel contempo, io metterò a disposizione delle reti libere di Internet il nostro colloquio di oggi.

Ciò , prima che i suoi Padroni tentino di bloccarne la divulgazione.

Farà tutto questo, signor Zand .E, allo scadere delle 24 ore , riabbraccerà i suoi cari, che non hanno subìto né subiranno alcun danno da parte mia, se lei seguirà le mie istruzioni.

Essi non potranno che essere orgogliosi e fieri di lei. Non ne dubiti minimamente.>>

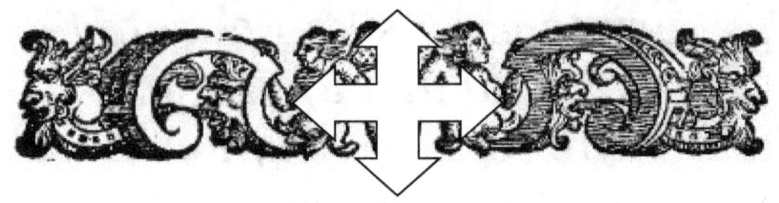

*Il mattino seguente, Zigmund Zand apparve alla televisione pubblica .
Lesse una dichiarazione.
E ciò che accadde dopo, fu un uragano.
Le Borse Valori di tutto il Mondo furono travolte.
I governi, pur di salvare il salvabile, dovettero rapidamente adattarsi, per non incorrere nelle ire incontenibili degli elettori che intuivano solo in quel momento la verità.*

L'intero mondo politico, proclamandosi vittima , sprecò fiumi di parole per condannare , per "prendere le distanze", per minacciare "pulizie", per promettere soluzioni drastiche. Contro coloro che li avevano fatti eleggere , li avevano corrotti, li avevano riempiti di soldi. Cose quest'ultime, che evitarono accuratamente di rendere note ai loro elettori.

I quattro collaboratori del signor Zand protestarono vivacemente di essere stati torturati e tenuti segregati da un pazzo criminale . E i loro importanti avvocati non mancarono di raffrontare la mia miserabile persona con la specchiata e acclarata onestà dei loro assistiti.

Zigmund Zand tornò a casa dai suoi cari, libero sulla parola. I giudici intesero così premiare il coraggio della sua denuncia, e non mancarono di fornirgli una scorta armata per la sua protezione.

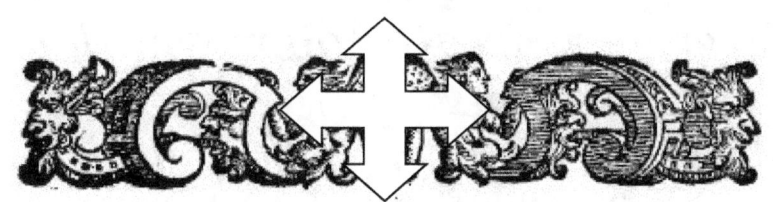

Accadde dopo alcuni giorni.

L'uomo era solito percorrere quel sentiero, durante le sue battute di caccia.

Si avvide della strana cosa appesa al ramo. Pensò trattarsi di una bella preda.

Poi si avvicinò cautamente.

La strana cosa non era un animale.

Il signor Zigmund Zand dondolava lentamente da quel ramo, simile ad un orrendo spaventapasseri.

Si era impiccato, oppresso dal peso delle sue colpe.
Così era scritto nella lettera che aveva lasciato ai familiari.
Ma nessuno credette a quella lettera.

Il Mondo , e i suoi potenti padroni, avrebbe proseguito senza di lui.
Tra non molto tempo, egli sarebbe stato dimenticato.

E ora tocca a me.
Fra poco , qualcuno busserà alla mia porta.
Sarà, ne sono sicuro, una persona sorridente colui , o colei, che osserverò dallo spioncino.
Aprirò quella porta.
Quella persona mi dirà :" Buongiorno signor Smith.Le porgo i saluti più cordiali da parte della Confraternita"
Estrarrà una potente pistola munita di silenziatore.

Riderà, mentre farà fuoco contro di me, credendo così di aver meritato un premio da parte dei suoi potenti padroni.
Fra non molto tempo, subirà la mia stessa sorte, ma quando si renderà conto che il suo destino era già segnato, sarà troppo tardi.
Nel frattempo la mia miserabile vita se ne sarà andata.
Ho il forte dubbio che nemmeno il diavolo vorrà la mia anima.
Sono stanco. Stanco di rendere infelici gli altri e me stesso.
So' di non meritarmi il perdono degli uomini, ma spero comunque, con le vicende ultime di cui sono stato protagonista, di aver contribuito a migliorare questo povero Mondo, che per tutta la vita ho offeso e ferito impunemente.
E spero, e prego il Signore Dio che, nonostante tutto, possa accogliermi tra le sue braccia.

Forse questo sarà il mio prossimo futuro.

O forse non lo sarà.

Mi chiamo Paul Smith.......................... pag 4
Come è potuto accadere?.................. pag 8
Accadde un giorno qualsiasi............... pag 14
La piazza era quasi deserta.................pag 20
L'obiettivo risultava............................ pag 25
I suoi occhi cercarono i miei.................pag 30
Alle mie spalle fruscii..........................pag 33
La luce stava lentamente vincendo.....pag 39
Non c'erano apparenti novità.............pag 45
L'albergo era in un quartiere...............pag 54
Li avrei trovati....................................pag 60
Route d'Arlon.....................................pag 65
Giorno successivo...............................pag 69
Andrea Andress..................................pag 75
Speravo in una reazione emotiva.......pag 79
La casetta era ben isolata...................pag 86
Venne il momento............................. pag 91
"Bene, signori..................................... pag 111
Seestrasse, Zurich............................. pag 113
Dopo l'interruzione............................pag 119
Regione di Baden............................... pag 124
"General Enterprises.......................... pag 130
Il mattino seguente............................ pag 160
Accadde dopo alcuni giorni................ pag 163